Československé legie a Japonsko

チェコスロヴァキア軍団と日本 1918-1920

長與 進

Susumu Nagayo

教育評論社

チェコスロヴァキア軍団と日本 1918-1920

【凡例】

（Ⅰ）当時の日本の新聞記事や文書などを引用する際は、読みやすくするために、カタカナ表記をひらがなに改め、適宜現代仮名遣い、当用漢字に変換して、句読点を補った。現代語訳した場合もある。●は判読不能の文字を示す。

（Ⅱ）翻訳の引用文中の〔 〕内は、文脈を理解しやすくするための筆者による補遺である。引用文中に傍線を付したのも筆者である。引用文中の「……」は省略個所を、「／」は原文での改行を示す。

（Ⅲ）個々の訳語についてのコメント。(1) národ（とその派生語 národní など）は原則として「民族」と訳した。例 československý národ（チェコスロヴァキア民族）。しかし慣用と文脈を考慮して、「国民」と訳した場合もある。例— ruský národ（ロシア国民）、Československá národní rada（チェコスロヴァキア国民評議会）。(2)「博士」、「将軍」、「兄弟」などの「肩書き」は省略しなかった。なお「兄弟」bratrは、ロシア語の「同志」（タヴァーリシ）に相当する、同権と平等を強調する表現で、チェコスロヴァキア軍団兵士のあいだで用いられた。

（Ⅳ）『チェコスロヴァキア日刊新聞』からの出典表示について。——例：T. G. Masaryk v Japonsku. (Vzpomínky japonského úředníka.), *ČSD*, 10. dubna, 1920, č. 652, Charbin は、「原文タイトル、*ČSD*〔『チェコスロヴァキア日刊新聞』の省略記号〕、発行年月日、通し番号、発行地」を示す。なお第二年度以降（一九一九年と一九二〇年）では、当該年度と創刊号以来の通し番号が併記されているが（序章の【図3】を参照）、煩雑さを避けるために、創刊号以来の通し番号のみを表示した。

（Ⅴ）当時の表記「看護婦」は現在では使われないが、時代状況を考慮して本書では当時の呼称を用いる。

チェコスロヴァキア軍団と日本 1918-1920 ◎目次

装幀＝花村デザイン事務所

序章　二つの国がいちばん近かった二年間

Ⅰ　日本の「シベリア出兵」とチェコスロヴァキア軍団の「アナバシス（大遠征）」を繋ぐもの

本書が取り上げるテーマは、一九一八年（大正七年）から一九二〇年（大正九年）までの、日本とチェコスロヴァキア（一九一八―一九九二年に存在）の相互関係であるが、筆者はかねてから、この時期の両国の関係が、歴史上でいちばん近かった、という「仮説」を立てている。

世界史の視野から見るとこの時期は、第一次世界大戦末期からヴェルサイユ講和会議を経て、戦後の世界体制が固められていく過渡期にあたる。日本にとっては「大正デモクラシー」の最盛期であり、対外的には第一次世界大戦における戦勝連合国の一員という立場から、「国際協調」を主軸に置きつつも、同時に「シベリア出兵」というかたちで、ロシア領極東と東部シベリア地域への「勢力圏」拡大が模索された時期でもある。いっぽうヨーロッパ中部の新生国家チェコスロヴァキアにとっては、第一次世界大戦の結果成立したネーション・ステートとして、国境画定や憲法制定を含む「建国」プロセスの時期と重なっている。[☆1]

この時期に両国は、シベリアとロシア領極東に駐留した「チェコスロヴァキア軍団」の存在を媒介として、それ以前はもとより、それ以後にもなかったような「親密な関係」を取り結ぶことになった。[☆2]一九一八年八月二日に布告された「シベリア出兵宣言」が、「チェコスロヴァキア軍救援」を大義名分として掲げていたことが、それを端的に象徴している。

「シベリア出兵」についてはすでにわが国で、いくたの先行研究が積み重ねられているが[☆3]、それらの研究は等しく、「シベリア出兵」に対して「ネガティヴ」な評価を下している[☆4]。

いっぽうチェコスロヴァキア軍団の「アナバシス」[☆5]については、両大戦間期に本国で、独立国家チェコスロヴァキア成立に貢献した強力なファクターの一つとして高く評価され、大量の関連文献が出版された。第二次世界大戦後の社会主義体制下では、ロシア内戦時のボリシェヴィキ派との武装敵対のために、一転して否定的評価が下され、研究は停滞したが、一九八九年暮れの体制転換後ふたたび、チェコスロヴァキア国家成立にとって鍵となる、重要で「ポジティヴ」な歴史事象として、本格的な研究が再開されている[☆6]。

日本の「シベリア出兵」とチェコスロヴァキア軍団のシベリア滞在の関係に焦点を当てた研究としては、原暉之が『シベリア出兵　革命と干渉 1917-1922』（筑摩書房、一九八九年）の中で、ロシアにおける軍団の成立史について一章を割き（三一七―三五四頁）、林忠行が論文「チェコスロヴァキア軍団―未来の祖国に動員された移民と捕虜」『現代の起点　第一次世界大戦』第二巻[☆7]（岩波書店、二〇一四年）で、問題のアウトラインを描き出した（五五―七七頁）。さらに二〇二一年に同じ林が上梓した『チェコスロヴァキア軍団　ある義勇軍をめぐる世界史』（岩波書店、二〇二一年）は、ロシアにおける軍団の形成から帰国にいたるまでの全体の鳥瞰図を、世界史的視野のなかで提示している。

同書のなかで林は、軍団と日本の「シベリア出兵」との関係についても言及している。その部分をサマリーしておこう。

日本とチェコスロヴァキアの接触の端緒は、一九一八年四月のマサリクの訪日である（一一四―一一五頁）。チェコスロヴァキア軍団は同年五月末に、ウラル地方のチェリャービンスクで「反ソヴィエト反乱」に踏み切る。軍団「反乱」の情報を受け取って、「日本でも陸軍を中心に派兵論が高まっていたが、米国の支持なしでの派兵については慎重論が存在していた。原敬らがそのような慎重論に立ち、外交調査会の場で日本単独での派兵に反対していた。……」（一八二頁）。

林は八月二日の日本の出兵宣言について、「日本政府内には、この派兵について意見の相違はあったが、出兵の背後にはロシア極東地域に対する日本の勢力拡張の意図が存在しており、「チェコスロヴァキア軍の救出」はたんなる口実にすぎなかった」（ⅵ頁）としている。九月九日の日本政府によるチェコスロヴァキア国民評議会承認は、「シベリアに出兵した日本軍が作戦を遂行するうえで、チェコスロヴァキア軍の国際法上の地位を明確にする必要が生じており、この文書は、その必要を最小限の範囲で満たすためのものであった」（二〇二頁）。日本政府は「十月二三日付の外務大臣発、在英大使あて電報で、イルクーツク以西への派兵の意志がないことを表明した」（二二一頁）。出兵初期の沿海州での共同作戦以後、「軍団はヴォルガ、ウラル方面での戦闘に従事し、日本軍はバイカル湖以西には進まなかったので、両軍の接触はごく限られたものになっていた」（二三二頁）。

だが、一九一九年秋に開始されたチェコスロヴァキア軍団の、ウラジヴォストークへの撤退過程で、日本軍とのあいだに不協和音が生じた。一九二〇年一月段階で「そのような〔セミョーノフ派との軋轢をさす〕軍団の行動は、日本軍からは、ロシアの「過激派」と通じているように見えた」(二三一頁)。「軍団員たちは輸送の遅れに苛立ち、中東鉄道の運行を担当する日本の当局者たちに対して軍団員たちの輸送を優先するよう繰り返し要求した」(二三一頁)。

「日本軍と軍団」(二三二—二三五頁)という段落で林は、両軍の相互関係についてまとまって言及している。そのなかで、とくに筆者の関心を引いたのは——「軍団は、日本から武器弾薬などの支援を受け、また負傷兵の治療を日本に委ねるなどの協力関係も継続した。その過程で両軍の兵士たちは様々なかたちで交流をもつことになった。しかし、政治というレベルでみると両軍の関係はつねに緊張をはらんでいた」(二三二頁)という一節である。

じつは本書は、林がこの三行でまとめた事柄の具体的な内実を、資料のなかから掘り起こそうとする試みである。筆者はかねてから、ネガティヴに総括される日本の「シベリア出兵」と、ふたたびポジティヴに語られるようになった軍団の「アナバシス」をめぐる「語り」のあいだの「落差」が、いまひとつ明らかに意識されていない、あるいは正面から論じられていない、という印象を持っていた。その「落差」を明らかにする手がかりのひとつとして、『チェコスロヴァキア日刊新聞』に掲載された一連の論説と記事を、資料として活用することにする（筆者とこの資料の出会いについては、「あとがき」を参照)。

Ⅱ 『チェコスロヴァキア日刊新聞』はどのような新聞か

『チェコスロヴァキア日刊新聞』[☆8]（以下、『日刊新聞』とも表記）は、チェコスロヴァキア軍団の機関紙として位置づけることができるが、軍事司令部に対して相対的に独立した編集部（おもに一群のチェコ知識人の集団）の手で編集・刊行された。発行主体としては、当初は在ルーシ[☆9]・チェコスロヴァキア国民評議会と、チェコスロヴァキア諸団体連合事務所の二組織の名称が併記され、一九一八年八月から同年十二月まではチェコスロヴァキア国民評議会ロシア支部のみの表示になり、十二月以降一九二〇年七月の終刊号まで、末尾に「在ロシア・チェコスロヴァキア出版事務所刊行」と表示されている。

『チェコスロヴァキア日刊新聞』というタイトルは、今日の我々にとっては、ごく一般的な名称のように感じられるが、この新聞が創刊された一九一八年当時は、「新鮮な響きを持った新造語、将来に向けたパースペクティヴを示す概念」であったことを、強調しておかなければならない[☆10]。

『日刊新聞』は一九一七年十二月[☆11]から一九二〇年七月まで、旧帝政ロシア各地と、一部は満州領内で刊行された。タイトルが示すように原則として日刊だが（週に一日、ふつうは月曜が休刊日）、切迫する状況や編集部の移動のために、数日間刊行が滞ったこともある。通し番号によると全部で七一七号が刊行された（一五頁【図3】の終刊号の表示を参照）。

使用言語は大部分がチェコ語で、ときおりスロヴァキア語も用いられ、とくに初期には、重要な情報がロシア語で掲載されたケースも散見される。読者として想定されていたのは、使用言語と流通システムの関係上、ロシア・シベリア・ロシア領極東地域に駐留していた軍団兵士（チェコ人とスロヴァキア人）にほぼ限定される。軍団兵士は最大限に見積もって七万人強、『日刊新聞』の発行部数は、最盛時で一号につき約七〇〇〇—八〇〇〇部だった。

紙面は基本的に二枚（四面）立てだが、一枚（二面）のときもあり、資料や文芸付録で増ページされている場合もある。第一面には軍団や国民評議会支部、（一九一八年十月のチェコスロヴァキア独立後は）本国の情勢に関連する論説や記事が配置され、第二、三面はおもに軍団関係の軍事・行政・経済関連の情報、下段には「ベセダ〔談話室〕」というコラム欄が設けられている（扱われるテーマは多種多様）。第四面では「雑報」として、おもに諸外国のニュースが掲載されている。

とくに目を引くのは、軍団の移動とともに刊行地が転々としていることだろう。

——キエフ（一九一七年十二月—一九一八年二月）（二七号分）➡ペーンザ（三—四月）（二一号分）➡オムスク（四—五月）（二四号分）➡チェリャービンスク（六—七月）（三三号分）➡オムスク（七—八月）（二三号分）➡エカチェリンブルク（一九一八年八月—一九一九年三月）（一六四号分）➡イルクーツク（一九一九年三月—一九二〇年一月）（二五五号分）➡ジヴィジオーンナヤ（二月）（一七号分）➡満

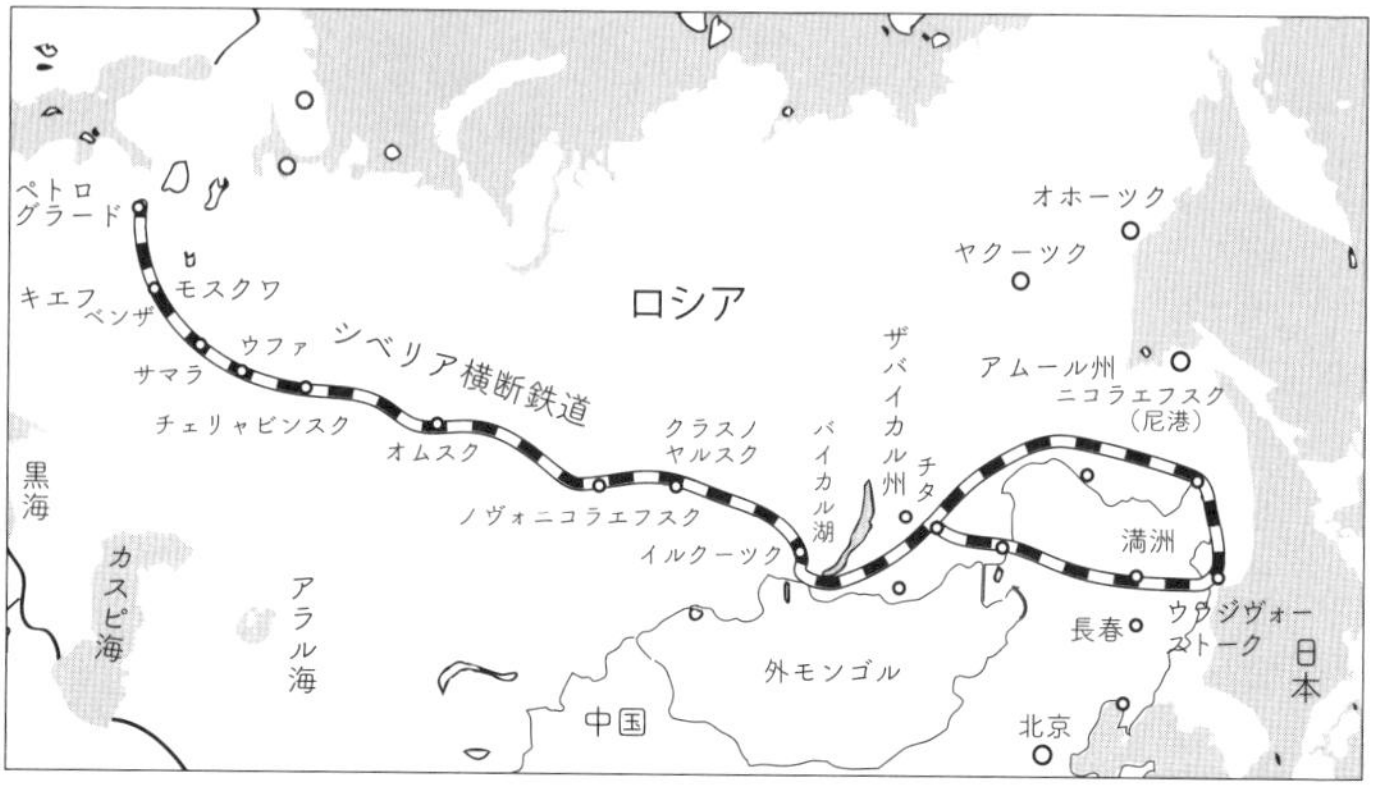

図1　林忠行『チェコスロヴァキア軍団』（138頁）を参考に作成

州里（三月）（六号分）⬇ハルビン（哈爾賓）（三―四月）（一四号分）⬇ヴラジヴォストーク（四―七月）（五二号分）。ほぼシベリア幹線鉄道と中東鉄道（東支鉄道）沿線の都市で刊行されていたことがわかる（【図1】参照）。

　このような機動性を保つことができたのは、同紙の編集・印刷が、専用の鉄道車両のなかで行なわれていたためである。ただし長期滞在したエカチェリンブルク（八ヶ月）とイルクーツク（十ヶ月）では、市中の印刷所を間借りした。

　創刊号と終刊号の第一面をご覧に入れよう。【図2】は、キエフ[☆12]で刊行された同紙の創刊号の第一面。最上段のデータは「第一年度、キエフで、一九一八年一月一日[☆13]、一号」。次にメイン・タイトルの『チェコスロヴァキア日刊新聞』Československý denník、その下に対応するロシア語のサブ・タイトル Чешскословацкій дневник が添えられている（旧字

Ročník I. V Kyjevě, 1. ledna 1918. 1. číslo.

ČESKOSLOVENSKÝ DENNÍK

ЧЕШСКОСЛОВАЦКІЙ ДНЕВНИКЪ

Česká matka.

My a Rusi.

POSLEDNÍ ZPRÁVY.

Учредительное Собраніе Чехіи.

図２『チェコスロヴァキア日刊新聞』創刊号の第１面。キエフ、1918 年 1 月 1 日、1 号。

Roč. III. Čís. 146. (717.) Vladivostok, v neděli 18. července 1920. Cena 10 centimů.

ČESKOSLOVENSKÝ DENNÍK

ЧЕХОСЛОВАЦКІЙ ДНЕВНИКЪ

Na rozloučenou.

Na rozloučenou.

図３　同終刊号の第１面。ウラジヴォストーク、1920 年 7 月 18 日、146（717）号。見出しのタイトルは「別れに際して」

体のｉが使われている）。

【図3】は一九二〇年七月にウラジヴォストークで刊行された終刊号の第一面。最上段のデータは「第三年度、一四六（七一七）号、[14] ウラジヴォストーク、一九二〇年七月一八日、日曜、価格十サンチーム[15]」。チェコ語のメイン・タイトルは同じだが、ロシア語のサブ・タイトルが **Чехословацкій дневник** に変更されている。[16]

『チェコスロヴァキア日刊新聞』は、第一次世界大戦末期以降の歴史的大変動（ブレスト・リトフスク条約、ロシア内戦の本格化、チェコスロヴァキア国家独立、第一次世界大戦終結、ヴェルサイユ講和会議など）の時期の、ロシア内戦の「特異な」アクターであったチェコスロヴァキア軍団の動向と思想傾向を、「リアルタイム」で内側から窺い知ることのできる貴重な一次資料であり、日本のシベリア出兵などに関連する同時代の出来事についての、貴重な証言を豊富に提供している。[17] 本書で紹介するように、同紙は注目すべき「言論空間」を形成しているが、チェコとスロヴァキア本国の研究においても、じゅうぶんに活用されているとは言えず、この新聞自体についての本格的研究もまだはじまっていない。

筆者は足かけ八年、『日刊新聞』の記事を翻訳する作業を続けているが、本書ではその作業の結果のなかから、日本とチェコスロヴァキアの関係を扱ったものに焦点を絞って、次のようなテーマを取り上げる。それぞれの章で『日刊新聞』での報道を軸として、日本側の資料と突き合わせるかたちで、出来事を多角的に再構成するように努めた。

第一章　T・G・マサリクの日本訪問―一九一八年四月
第二章　オロヴャンナヤ駅での邂逅―チェコスロヴァキア軍団と日本軍の「蜜月」とその後
第三章　医療面での交流―東京の軍団傷病兵とウラジヴォストークの日本人看護婦
第四章　「最初にチェコ語を学んだ日本人」―山ノ井愛太郎をめぐって
第五章　「交流美談」の頂点―ヘフロン号事件
第六章　ハイラル事件（その一）―「藪の中」なのか？
第七章　ハイラル事件（その二）―装甲列車オルリークと三者調査委員会
終章　カトリック府中墓地に埋葬されている軍団兵士たちについて

テーマは基本的に時代順に配列した。これらの出来事については、第一章以外は日本語の「先行研究」が見当たらないので、まずアウトラインを示すために、資料からの引用を中心に据えて、いわば「資料に語らせる」かたちを取った。第二章、第三章、第五章は、「交流美談」とでも総称できる話題であるが、第六章と第七章は「真逆」の内容になっている。第一章と第四章では、「歴史の謎」を掘り起こす結果になった。筆者としては、「資料が語る」ことだけを、バランスよく配置するように努めた。この「落差」をどのように「埋める」かは、読者の判断に委ねることにしたい。

【補論】一九一八―一九二〇年の日本とチェコスロヴァキアの相互関係について

全体の見取り図を提供するために、この時期の日本とチェコスロヴァキアの相互関係について、事典項目風の概観を示しておこう。

〈政治・外交面〉

この時期の両国関係の端緒は、一九一八年（大正七年）四月六日―二十日、独立運動家で後のチェコスロヴァキア共和国初代大統領トマーシ・ガリグ・マサリクが、ロシアからアメリカ訪問の途上に滞日して、日本政府と世論に、チェコスロヴァキア独立運動とシベリアにおける軍団の存在をアピールした出来事に求められる。同年五月末、ウラル地方のチェリャービンスクで、チェコスロヴァキア軍団と現地ソビエト当局との間で衝突事件（反ボリシェヴィキ武装出動）が発生し、軍団がシベリア鉄道沿線を占拠すると、日本の外交文書に、チェコスロヴァキアへの言及が現れる。日本政府はアメリカ政府と共同で、軍団救援を「大義名分」として、八月二日にシベリア出兵を宣言し、九月九日には在外独立運動組織チェコスロヴァキア国民評議会を承認した。十月十二日―十一月十三日、スロヴァキア人の独立運動家M・R・シチェファーニクが、シベリアの軍団を訪問する途上で日本に滞在して、日本政府や軍部の要人と接触し、軍団への軍事援助と日本軍の出兵拡大を要請した。国内でのチェコスロヴァキア国家独立宣言（一九一八年十月二十八日）以前に、東京で軍団の連絡事務所が開設された（初代外交代表はヴァーツラフ・ニェメツ）。一九二〇年一月十二日に両国間で正式の外交関係が樹立され、同年四月に駐日チェコスロヴァキア公使館が設置されて、四月十四日に初代公使カレル・ペルグレルが着任した。一九二一年十月十七日にはプラハで日本公使館が開設された（初代公使は長岡春一《はるかず》）。

〔軍事面〕

日本軍はシベリア出兵開始直後の一九一八年八―九月、ロシア領沿海州のウスリー戦線で、チェコスロヴァキア軍団と共同してソビエト軍と戦った。日本政府は軍団に武器弾薬などを供給した。日本軍は軍団のウラジヴォストーク集団の西方への進撃に同行して、イルクーツクまで進出した。ウラジヴォストークやオムスク（コルチャーク政府の拠点）に駐在した日本の軍人と外交官は、軍団とも接触した。一九一九年五月には日本軍事使節団がプラハに派遣された。しかし一九一九年末以降のオムスク政府崩壊と、軍団の東方への撤収の過程で、両軍のあいだに緊張関係が生じ、一九二〇年四月に満州のハイラルで「衝突」事件が発生した。

〔経済面〕

一九一八年秋に軍団兵士の軍服が日本で作製され、軍団代表は日本で様々な物資の買付を行なった。一九二〇年春には春光丸事件やグラント大統領号事件など、経済面でのトラブルも発生したが、これはおそらく、ハイラル事件などの軍事・政治・外交上の対立関係による両国間の「緊張」と関係している。

〔社会面〕

一九一八年夏以降、約六十人の軍団負傷兵が東京に運ばれ、築地の聖路加国際病院で入院・加療が行なわれた。同じ時期に同病院の医療団がウラジヴォストークに派遣されて、軍団兵士も治療した。東京で死亡した四人の軍団兵士の共同墓地が、青山霊園に設置された（現在はカトリック府中墓地に移転）。一九一九年八月の下関付近でのヘフロン号遭難の際には、避難先の門司や収容先の神戸で、官民を挙げた救援活動が展開される一方、軍団はソコル体操・合唱・オーケストラなどで、日本社会を魅了した（男性合唱曲「ウボイ」）。こうした出来事を通して、軍団の存在は広く日本社会に「好意的に」認知され、兵士たちは街でしばしば「ナズダル」（軍団のあいさつ言葉☆18）と声をかけられたという。山ノ井愛太郎の場合のような、チェコ語を介しての民間交流もあった。

〔文化面〕

一九一九年一月に東京で、軍団兵士の機関紙『アノネ』（四号まで確認）が出版された。何人かの軍団兵士は、帰国後に一連の「軍団もの」を出版したが、そのなかには日本をテーマにした著作（旅行記、回想録、創作）も見受けられる。軍団に属する音楽家（バイオリニストのF・シミート、チェロのB・シーコラら）の日本公演は好評を博した。

□注

☆1　二十世紀に、六年間の中断をはさんで、一九一八年から一九九二年まで七十四年間存続したチェコスロヴァキアという国家については、すでに日本語でも多数の著作と論文が書かれている。この国の歴史の全体の流れを概観するガイドブックとしては、薩摩秀登『図説チェコとスロヴァキアの歴史』（河出書房新社、二〇二一年）を勧めたい。同書の第9章「共和国の成立・解体・再興」と第10章「冷戦期のチェコスロヴァキア」では、複雑に入り組んだこの国家の歴史が、正確かつ巧みにサマリーされている。

☆2　本書第一章四二頁の、「開戦時にはいかなる歴史家もいかなる国政指導者も、欧州の心臓部の民族が、極東の国民とかくも親密になるとは、予見できなかったことでしょう」という、T・G・マサリクの印象的な特徴付けを参照。

☆3　代表的な研究書のみを挙げておく。――細谷千博『シベリア出兵の史的研究』（新版、岩波現代文庫、二〇〇五年）、原暉之『シベリア出兵　革命と干渉　一九一七―一九二二年』（筑摩書房、一九八九年）、井竿富雄『初期シベリア出兵の研究　「新しき救世軍」構想の登場と展開』（九州大学出版会、二〇〇三年）、麻田雅文『シベリア出兵　近代日本の忘れられた七年戦争』（中公新書、二〇一六年）

☆4　細谷千博は『シベリア出兵の史的研究』の結語で、「かくてチェコ軍救援を名分としたシベリア出兵は本来付与された使命を失い、それとともに日本の野望が露出してくることとなる」（二一〇頁）と書き、原暉之は『シベリア出兵　革命と干渉』の第十六章「本格的干渉への移行」の末尾で、「……植民地の防衛と勢力圏の拡大を図るべく起こした「シベリア出兵」……において、日本軍の過半の師団が動員され、膨大な数の日本兵が侵略者、抑圧者として各地のロシア人、中国人、朝鮮人と向かい合った事実は重い」（三八二頁）と記した。

☆5　『アナバシス』は古代ギリシャの著述家クセノポンの著作のひとつ。紀元前三七〇年頃に書かれた。ペルシャ王の子キュロスが雇った一万人のギリシャ人傭兵の、小アジアでの遠征物語。――『一万人』の遠征との多くの類似点のために、わが軍団兵士の〔行動は〕「シベリアのアナバシス」と言われている」『マサリク百科事典』第一巻（プラハ、一九二五年、一五五頁）*Masarykův slovník naučný*, **Díl 1, Praha 1925, s. 155.**。

☆6　「わずか二個師団のチェコスロヴァキア軍団が、ヴォルガと北ウラルにおいて〔対ボリシェヴィキ〕戦線を創出して、シベリア幹線鉄道を占拠したことは、正当な驚嘆を呼び起こして、巨大な国際的反響を呼んだ。チェコスロヴァキア軍はふたたび世界世論のヒーローになった。アメリカのマスコミの大見出しのタイトルは、「ザ・ニュー・マスターズ・オブ・サイベリア〔シベリアの新しい主人〕」と叫んでいた。チェコスロヴァキア軍団の勝利の進軍は、とうとうロシア領極東における連合国の行動を始動させ、アメリカと日本の合意を余儀なくさせた」カレル・ピフリーク、ボフミール・クリーパ、イトカ・ザブロウジロヴァー『チェコスロヴァキア軍団兵士（一九一四―一九二〇年）』（プラハ、一九九六年、一八二頁）Pichlík, Karel: Klípa, Bohumír: Zabloudilová, Jitka. *Českoslovenští legionáři (1914-1920)*. Praha 1996, s. 182.

ロシアにおける軍団に関するチェコ語とスロヴァキア語、および英語とロシア語の近年の研究文献については、拙論「『チェコスロヴァキア日刊新聞』は日本のシベリア出兵をどのように見ていたか」、『ロシア史研究』（一〇四号、二〇二〇年四月、註（3）、一七七―一七八頁）を参照。

チェコ側の文献で、日本のシベリア出兵との関係に触れている研究は、筆者の知るかぎりでは、ハイラル事件を論じたマルチン・ホシェクの英語論文と、ダニエル・ロフマンのチェコ語論文（両論文のデータについては第六章の注12を参照）、さらにトマーシ・リクルの『チェコスロヴァキア軍団兵士たちの見た日本』（オロモウツのパラツキー大学に提出された卒業論文、一九九九年、未公刊）Rykr, Tomáš, Japonsko viděné očima československých legionářů. Diplomová práce, Univerzita Palackého v Olomouci, 1999、さらに同じロフマンの『チェコスロヴァキア＝日本関係、一九一八―一九二八年』（オロモウツのパラツキー大学に提出された卒業論文、二〇〇三年、未公刊）Lochman, Daniel, Československo-japonské vztahy 1918-1928. Diplomová práce, Univerzita Palackého v Olomouci, 2003がある。

☆7　同論文の英語版 Hayashi, Tadayuki. The Czechoslovak Legion and Japan in Siberia, 1918-20, In. *Russia's Great War and Revolution in the Far East. Re-imagining the Northeast Asian Theater, 1914-22.* Bloomington, Indiana 2018, pp. 309-327. も参照。

☆8　Československý denník。タイトル中の denník のスペルは、チェコ語辞書ではアルハイズム（古風な用法）とされ、現代語では deník と書く。だがスロヴァキア語表記は現代語でも denník である（発音は [ďe>ňík]）。

☆9　「ルーシ」は九世紀に成立した東スラヴ人の国家の名称。『チェコスロヴァキア日刊新聞』はこの表現を、「ロシア」の同義語として時折用いている。現在でも「ロシア」の雅名として用いられることがある。

☆10　「チェコスロヴァキア」という名称の来歴については、林忠行『チェコスロヴァキア軍団』（六九―七〇頁）を参照。要するにこの言葉は、一九一六年頃に国外の抵抗運動組織内部で用いられはじめた新造語だった。

☆11　ロシアでは一九一八年一月三十一日まで、ユリウス暦（以下、露暦）が使用されていて、グレゴリウス暦（西暦）への換算は、二十世紀では十三日を加算する。『日刊新聞』の場合、一九一八年の一号までは露暦を用い、二号の「一月十六日（三日）」から二六号の「二月二十三日（十日）」では二重表記し、二七号から西暦のみの表記に移行している。ちなみに『日刊新聞』は、一九一七年暮れからキエフで「発刊準備号」として、十一月二十九日（露暦、新暦では十二月十二日）に〇号を、十二月五日（露暦、新暦では十二月十八日）に〇〇号を、十二月二十四日（露暦、新暦では一九一八年一月六日）に号数なしの、三号を刊行している。

☆12　この街は現在では、ウクライナ語に従って「キーウ」と表記されるが、本書では、一九一八―一九二〇年前後の時代状況を考慮して、ロシア語による「キエフ」を用いることにする。

☆13　これは露歴による表示。新暦では一月十四日にあたる。

☆14　「二四六」は一九二〇年の、（七一七）は創刊号以来の通し番号を意味する。

☆15　この時期、軍団兵士の給料はフランスの通貨フランで支払われていた。サンチームはその補助単位で、百分の一フランに当たる。

☆16　ロシア語のサブ・タイトルは、一九一九年四月八日号から Чехословацкiй Дневник に変更された。意味は同じだが、表記法がじゃっかん異なる。なお現代ロシア語では чехословацкий と表記する。

☆17　拙論「『チェコスロヴァキア日刊新聞』は日本のシベリア出兵をどのように見ていたか」、『ロシア史研究』（一六七―一八〇頁）を参照。

☆18　このあいさつ言葉の詳しい来歴については、林忠行『チェコスロヴァキア軍団　ある義勇軍をめぐる世界史』（三四頁）を参照。

第一章　T・G・マサリクの日本訪問

――一九一八年四月

――一九一八年（大正七年）四月のトマーシ・ガリグ・マサリクの日本訪問は、日本とチェコスロヴァキアのあいだの、政治・外交・社会・文化面での接触の端緒となる、象徴的な出来事と言っていいだろう。[☆1] チェコスロヴァキアという国家はまだ存在していなかったが（同国の独立宣言は同年十月二十八日）、独立運動組織チェコスロヴァキア国民評議会議長であるT・G・マサリク（彼は同年十一月十四日に、同国の初代臨時大統領に選出）が、一私人として日本を訪れ、二週間にわたって滞在した事実は、過不足なく記録されるべき出来事だろう。

この時期日本は、進行中の第一次世界大戦の勢力配置のなかで、英仏米などの連合国側に立ってドイツ、オーストリア＝ハンガリーと対峙しており、同じく連合国側に立って、オーストリア＝ハンガリーからの離脱独立をめざすチェコスロヴァキア独立運動にとって、日本は「潜在的な」同盟国であった。

I　日本の新聞はマサリクの訪日をいかに報じたか

まず当時の日本のマスコミが、マサリクの訪日をどのように報道したかを押さえておこう。マサリクは一九一八年（大正七年）春に、チェコスロヴァキア独立運動に携わるなかで、ロシアからアメリカに渡航する途上、船便の関係で「たまたま」日本に立ち寄った。[☆2] ウラジヴォストークから朝鮮半島を鉄道で南下して、四月六日に下関に上陸し、四月八日に東京の帝国ホテルに投宿した。

四月十四日に『東京朝日新聞』の二人の記者（下長根澄と福田市平）が、ホテルの部屋（二階三十六号室）を訪れて、マサリクにインタヴューした。[☆3] 翌十五日の『東京朝日新聞』は、「墺国を遁れた亡命のマ博士　昨日突如東京に入る　大陰謀破れて死刑の宣告　妻も娘も牢獄に投ぜらる」というセンセーショナルな見出しのもとで、マサリクの訪日をこう報じている（図1参照）。

図1　同記事に掲載されたマサリクの写真と自筆署名。
『東京朝日新聞』（大正7年〔1918年〕4月15日）

墺国〔オーストリア〕の鷲章旗が独帝〔ドイツ皇帝ヴィルヘルム二世〕の野望に煽られて、するすると戦線に翻った秋《とき》、国論鼎《かなえ》と沸いた中に、同国プラーグ大学教授として世界的名声を馳するマサリツク博士が、率先排独〈ドイツ排斥〉を叫び、祖先を同じうする熱血チエッヒ民族の統一を企てて、兵五万を募り、暴墺〈横暴なオーストリア〉の羈絆《きはん》を脱せんとして遂に果さず、漂浪幾年、この志士の行方は杳《よう》として知られなかつた。——博士が、身を以て遁れたのは、実に一九一四年十二月十四日であった。亡命の博士は生か死か、世界的疑問の人は意外！ つい昨日名を変じて、孤影突如として東京に入った……。

以下全編が、調子の良い「講談調」で報じられている。記事末に添えられたデータから判断すると、この記事の筆者（下長根澄か?）は、マサリクについての基本的データを持っていたと思われるが、本文では、出来事の前後の脈絡を転倒させて（「独立運動を展開するために兵五万を募り、失敗して亡命」したではなく、「亡命して、兵五万を募って独立運動を展開」とあるべき）、「活劇調」かつ「お涙頂戴」の「ドラマ化」が目につく。

もっとも『東京朝日新聞』は一日置いた四月十七日の号に、「マサリック博士談」として「チエルニン伯　辞職せる墺洪〈オーストリア＝ハンガリー〉國外相　仏國に対する狂言暴露　保守的陰謀的の政治家」と題する、最近のオーストリア内政に関する時事談話を、さらに四月十九、二十、二十一日の三回にわたって、プロフエツサー・マサリツク「獨逸の東方侵略」というタイトルの時事評論を掲載している。マサリクの政治思想の内実を、「講談調」抜きで伝えようとする意向も、同時に働いていたようである。

「獨逸の東方侵略」の内容を要約すると、次のようになるだろうか。――今次の戦争（第一次世界大戦）の目的は、ドイツの東方進出政策（ドランク・ナーハ・オステン）と、それに対する連合国の抵抗である。ドイツは「ベルリン―バクダード」（あるいは「ベルリン―カイロ」）の方向に進出するパンゲルマン主義戦略に基づいて、「世界支配」を狙っている。ドイツの当面の目的は、「中欧」に位置する「小民族」の征服であるが、それを防止するためには、オーストリア＝ハンガリーを解体して、障壁としての「国民国家」群を創設することが必要だ。チェコスロヴァキア建国への努力はその一環である。

こうした言説は、同じ時期に『チェコスロヴァキア日刊新聞』に掲載されたマサリクの一連の時事評論（約四十一編）の、要約のような印象を与える。☆4 とくに、後ほど一部を紹介する「交戦国双方の世界計画」と題する連載評論のなかに、内容が重なる主張が散見される（偶然のことだろうが、「獨逸の東方侵略」と「交戦国双方の世界計画」は、ほぼ同時期に公表されている）。「獨逸の東方侵略」の巻頭には、「特に本紙の為に英文にて寄稿せるものを訳せるなり」とコメントされている。おそらくマサリク自身が連合国での情宣活動のために、自説をサマリーするかたちで英文の論考を準備し、『東京朝日新聞』編集部が、提供された論考に基づいて「抄訳版」か「意訳版」を作成したのだろう。いずれにせよ「獨逸の東方侵略」で展開されている論旨は、この時期のマサリクの時事評論の内容を忠実に伝えるものである。

◇マ博士日本を去る
▽昨朝某所より
▽密かに米國へ
数日前密に入京滞在中なりしボヘミアの志士にして世界的名士たるマサリック博士（別項「獨逸の東方侵略」を寄稿せる）は昨日正午横濱出帆のエムプレッス・オブ・エシアで亡命の旅を米國に向つて續く可く昨朝自動車で東京を去つた、影の形に添ふ如く絶わず博士の身邊にあつて護衛の役を承はつて居る本國から同伴の一壯漢は生憎乗り自分は聽く運轉手と同席し乍ら快よげに語る—「これから米國に二週間許り滞在して英國と佛蘭西へ行く筈で倫敦には住宅を持つて居るから其處に住む積りである、墺地利で牢に入れられた妻と一人の娘は無事に出獄して居ること丈けは判つたが未だ何の便りにも接しない……」と平靜に語つて別れの握手をした

図2　『東京朝日新聞』（大正7年〔1918年〕4月21日）

「獨逸の東方侵略」の最終回が掲載された『東京朝日新聞』四月二十一日には、「マ博士日本を去る　昨朝某所より　密かに米国へ」の記事が、やはり写真入りで報じられている（図2参照）。

数日前密《ひそか》に入京滞在中なりし、ボヘミアの志士にして世界的名士たるマサリック博士（……）は、昨日（四月二十日）正午、横浜出帆のエムプレッス・オブ・エシアで、亡命の旅を米国に向つて続く可《べ》く、昨朝（四月十九日?）自動車で東京を去った。……「これから米国に二週間許り滞在して、英国と仏蘭西へ行く筈で、倫敦《ロンドン》には住宅を持って居るから、其処に住む積りである。……」と平静に語つて、別れの握手をした。

先廻りして解説しておくと、マサリクはアメリカに渡ったあと、当地の移民コミュニティのなかでチェコスロヴァキア独立に向けた活動を行ない（五月三十日のピッツバーグ協定締結など）、政府当局に軍団支援を働きかけた（六月十九日にウィルソン大統領と会見）。そして同年秋、事態の急速な展開に対応して、十月十八日にワシントンで独立宣言を発布し、十月二十八日には国内のプラハでチェコスロヴァキア国家成立が宣言され、十一月十四日の国内の臨時革命議会で、マサリクは臨時大統領に選出された。彼は十一月二十日にニューヨークを出港して、祖国に「凱旋帰国」することになる。

Ⅱ　マサリク自身は、日本訪問をどのように描いているか

次にマサリク自身が、訪日体験をどのように描いているかを、自伝『世界革命　戦争期に戦争のなかで　一九一四―一九一八年』[☆5]によって見てみよう。同書の「第六章　極東にて　東京一九一八年四月六日―二十日」[☆6]によると、マサリクは東京でまず、イギリス大使コニンガム・グリーン卿、アメリカ大使ロナルド［ローランド?］・スレター・モリスと接触して、モリスに「ウィルソン大統領宛てのロシアとボリシェヴィキ主義に関する覚書」を手渡している。東京での日本当局に対する外交交渉について、マサリクは次のように手短に報告している。

> 私はまた日本の外務大臣〔本野一郎〕のところに行った。日本人には——当然のことだが——、我々はその当時ほとんど知られていなかった。私は当時の臨時内閣の秘書官である幣原〔喜重郎外務次官〕に、覚書（ロシア語で書かれた）を提出して、おもにイギリス大使と、そして同様にアメリカ大使にも、日本政府のもとで我々を支援してくれるように依頼した。我々はウラジヴォストークから、場合によっては日本を経由したわが部隊の撤退のために、日本の援助を必要としていて、衣類と靴と、ロシアとシベリアで入手できなかったその他すべての供給品のために、我々は日本を必要としていた。私はまたすべての人々と、いかにして船舶を注文するかについて話し合った。

後述する『日刊新聞』に掲載された竹山安太郎の回想が証言しているように、マサリクは本野一郎外務大臣とは会っていない。本野はこの時期病気で入院中で〔同年九月十七日に病没〕、マサリクの外務省訪問直後の四月二十三日から、後藤新平が外務大臣職を引き継いでいる。マサリクに応対したのは幣原喜重郎《しではらきじゅうろう》外務次官である。幣原は後年の回想録でこう書いている。

> チェッコ独立運動の指導者であるマサリックは、この事情〔シベリアにいた軍団の状況〕を連合各国に訴えるため、西比利亜を通過して日本にも来たが、当時、その何者であるかを我が外務省でも知らず、彼が米国に着いてから外電がその名を大きく報じたので、始めてそんな大人物であ

ったのかと、びっくりしたようなこともあった。[☆7]

マサリクは同章の末尾で、日本滞在を次のように総括している。

日本における二週間の滞在は、この国についての私の認識を、目立って豊かにはしなかった。すべての私の注意は、軍団の運命、戦争、そして予期されている講和に向けられていた。私は東京で、いくつかの宗派のあれこれの寺院を訪問し、接することのできた多くの事物を見たが、しかし私が日本を研究したと言うことはできない。……

私は関心を持って、書店と工芸品の店を見てまわった。私は美しい日本の木彫りの絵と、何冊かのヨーロッパの書籍を買うことができた。書店においてはドイツ語文献、とくに医学書の影響が明らかだった。私は、おもにドイツ語書籍を扱っていた古書店を見つけた。

四月十九日に私は横浜に移動した。幸せな偶然によって、大型汽船「エンプレス・オブ・エイシア」がカナダに向けて出港するところだった。この汽船は、アメリカからヨーロッパへの軍隊輸送に宛てられていた。こうして私はひじょうに早く、アメリカ大陸に到達した。我々は一九一八年四月二十日正午に〔横浜を〕出港し、四月二十九日にはもうヴィクトリアとバンクーバーに到着した。

Ⅲ　『チェコスロヴァキア日刊新聞』に掲載された竹山安太郎の回想記事

マサリクが訪日した二年後の一九二〇年春の『日刊新聞』に、「日本でのT・G・マサリク（ある日本人官吏の回想）」（一九二〇年四月十日、六五二号、ハルビン）[☆8]というコラム記事が掲載されている。一九一八年四月に東京で、マサリクと会見した竹山安太郎が、一九二〇年三月六日（マサリクの七十才の誕生日の前日）に中国東北部（満州）ハルビンの、チェコスロヴァキア政府特別全権代表ミロシ・ヘス中佐の事務所を、表敬訪問した顛末の記録である。

竹山は、ハルビン駐在の石坂善次郎中将の軍事使節団の一員として、マサリク大統領の七十才の誕生日の機会に、祝意を伝えるために同事務所を訪れた。『日刊新聞』はこう続けている。

同時に彼（竹山）は、マサリクの東京滞在についての自分の回想を伝えたい、という希望を述べた。一九一八年四月にマサリク教授が、（ロシアから）アメリカへの旅の途中で日本に立ち寄ったとき、竹山氏は東京警視庁外事課の職務にあった。彼はマサリクに挨拶するように、公式に依頼された。自分の会見について手短にこう述べる。――「私はマサリク教授を、宿泊していた帝国ホテルに訪ねました。どのような印象を受けたか、ですか？　私と話すときの、飾らなさと愛想の良さに驚かされました。偉人だという印象を受け、自分が、マサリクと個人的に知り合うことができた最初の、そして事情のために、最後の日本の公人であることを誇りに思います。マサリク教授は、外務大臣本野〔一郎〕伯爵の次官〔幣原喜重郎〕とも会見しましたが[☆9]（大臣自身は大学病院に入院中でした）、この談話は二十分か三十分以上は続きませんでした。いっぽう私はマサリクと二時間以上も話したのです。語ってくれたところでは、彼にとって問題だったのは、日本の役人である私に、シベリア鉄道をウラジヴォストークに向けて移動中の、五万人のチェコスロヴァキア軍兵士がなにを意味するのかについて、明確な見取り図を描くことでした。兵士たちは〔ウラジヴォストークから欧州の〕西部戦線に運んでくれる船便を待っています。〔マサリクは〕この輸送の、おもに技術上の巨大な障害について言及し、アメリカが援助してくれる、という希望を表明しました。日本について言えば、チェコスロヴァキア軍兵士が日本通過を余儀なくされた場合、彼らを助けることができるでしょう。チェコスロヴァキアの歴史と、独立したチェコスロヴァキア国家をめざす今日の運動に至った諸原因を、簡潔かつ明確に説明してくれました。ユーモアをこめて、自分はオーストリア＝ハンガリー君主国の良き友人ではない、とコメントしました。自身の活動についてはごくわずかしか語りませんでしたが、その代わりたえず自分の祖国を想起して、チェコスロヴァキア革命軍について誇らしげに言及し、「私の軍隊」と呼びました。壁に一枚の地図がかかっていました。〔マサリクは〕すぐさま、シベリア幹線鉄道とチェコスロヴァキア軍がいる沿線の町々を指し示しました。

認めなければなりませんが、戦争〔第一次世界大戦〕まで日本の世論は、チェコスロヴァキア人についてごくわずかしか知りませんでした。マサリクは私人として、随員もなしに日本にやって来て、彼の到着に我々の注意を促したのは、ウラジヴォストークからの新聞報道でした。そのため歓迎はごくささやかなものでした。もちろん、もしもいま彼が訪日したら、国王としての敬意をもって歓迎されることでしょう。私の最大の願いは、もう一度マサリクと会うことです。実現しがたいことではありません。私はヨーロッパ旅行を考えていて、当然、マサリク大統領との謁見を希望するでしょう。私がシベリアに来たのはみずから希望したからで、正直に言うと、当地に引き寄せられたのは、自分の目でマサリクの軍隊を見るためです。なぜなら私は、彼の崇拝者になったからです。

『日刊新聞』に掲載された竹山の談話のなかで、注目しておきたいのは、「ウラジヴォストークからの新聞報道」が日本の公式筋のマサリク情報の源泉になった、と述べていることで、この点はこれまで指摘されていなかった。それに関連して、『日刊新聞』(一九一八年五月二十日、七十九号、オムスク)に掲載されたルポルタージュ「ウラジヴォストークのわが軍」[☆10]の一部を紹介しよう。このルポルタージュは、一九一八年四月末にウラジヴォストークに到着した軍団の第一陣の様子を伝えるものだが、そのなかに次のような一節がある。

日本人は一般に我々にとても関心を持っている。マサリク博士がウラジヴォストークを通過したとき、土地の日本語新聞〔『浦潮日報』か?〕は彼について、第一面で肖像入りの詳しい情報を伝えた。いまウラジヴォストークの日本人ジャーナリストたちは、わが〔チェコスロヴァキア〕民族に関する資料を集めて、我々の運動についての特別書籍の出版を準備中だ。

『日刊新聞』の竹山の回想でもう一点注目しておきたいのは、すでに当時から、日本の外務省がマサリクに「しかるべく対応しなかった」という認識が、日本の関係者のあいだにあったことである。「〔幣原との〕談話は二十分か三十分以上は続きませんでした」という一節、あるいは「歓迎はごくささやかなものでした。もちろん、もしもいま彼が訪日したら、国王としての敬意をもって歓迎されることでしょう」という竹山の言葉に、それがうかがわれる。ちなみに「国王としての敬意をもって」(原文ではs poctami jako krále)という竹山の表現は、共和主義を誇りにしていたはずのチェコスロヴァキア側にとっては、いささか違和感のある表現ではないかと思われるが、竹山の「君主主義的な」表現を、意図的にそのまま活字にしたのかもしれない。「日本の外務省のマサリク冷遇」という認識は、一九一八年九月中旬にアメリカ合衆国のワシントンで、マサリクと会見した『東京朝日新聞』の特派員渡邉誠吾のルポルタージュ記事「マサリク教授と語る」(大正七年十一月八日)にも見出される。

……〔マサリクは〕どうした間違いか東京通過の際の如きも、その筋から随分冷遇を受けたという噂もある位である……。予《かね》て日本で受けた博士の待遇に同情して居る僕は、不思不知《おもわずしらず》「お気の毒」を繰返して、我が事の如《よう》にお詫びをしたら、老教授は苦笑しながら、「ナニ巡査が再三度やって来て訊問をしましたが、何か誤解があつたのでしょう」とだけで多くを語らない。……

渡辺とマサリクの談話のなかで「巡査」扱いされているのは、おそらく竹山安太郎であろう。彼は『日刊新聞』の記事にあるように、マサリクの「崇拝者」になり、後年マサリクとベネシュの著作を翻訳しただけでなく、シベリア出兵についても『西比利亜事變と国際関係の眞相』(一九二四年)という浩瀚な著作を残している。そのなかには、一九二〇年三月のハルビンでの軍団本部訪問についての記述も見出される。それによると、竹山が軍団の事務所を訪問した経緯は、『日刊新聞』のシンプルな記述とちがって、かなり「ドラマチック」なものだった。

竹山安太郎自身の記述によると、ハルビンのチェコスロヴァキア軍司令部で司令官(おそらくミロシ・ヘス中佐)に、日本軍事委員長石坂〔善次郎〕中将の名刺を渡して辞去しようとしたところ、竹山を東京で見かけたという一将校(J・ハンス〔ヨゼフ・ハンチ?〕大尉)に声を掛けられた。

同将校は司令官に向って、此紳士は東京警視庁の外事警察当局の方であって、我大統領が一昨年(一九一八年)四月東京を訪問された際に、第一に大統領に会見して、大統領の依頼を受けて日本政府当局へ紹介の労を執られたその方である。今此紳士が石阪《ママ》将軍を代表して、此我々の祝賀に参列されたるは、実に奇縁と云うべきであると述べた。之を知った司令官は、それは容易な事ではない。別室に案内して歓待せよと云われた。筆者（竹山）は同将校に案内されて別室に至り、多数の参謀官達の鄭重なる歓待を受けていた。処が司令官は特に此室に来り、筆者（竹山）に対して、貴下のご来訪は我々にとって実に有意義である。故に此事柄を此地に於て目下我々が発行している我々の新聞に掲載して、之を西比利亜鉄道沿線に点在している我全軍に報導したいと思う。就《つい》てはその切り抜きは追って貴下に進呈すると云われた。私は思わず斯《かか》る歓待を受けて帰館した。約一週間を経て既記のチエツク司令部副官ハンス（ハンチ?）大尉は、例の新聞切抜一葉（チエツク語）の他に、マサリツク博士が東京訪問の際に横浜で撮影された写真一葉を紀念として持って来てくれた。[☆11]

竹山の記述のなかでとくに興味を引かれるのは、「此事柄を此地に於て目下我々が発行している我々の新聞に掲載して、之を西比利亜鉄道沿線に点在している我全軍に報導したい」という司令官の言葉であろう。これは明らかに『チェコスロヴァキア日刊新聞』と、前に引用した「日本でのT・G・マサリク（ある日本人官吏の回想）」のことをさしている。同時代の日本語文献において『日刊新聞』について言及している、数少ない例のひとつである。ちなみに竹山は三月六日に事務所を訪問して、それから一週間後に切り抜きを受け取ったと書いているが、この記事は四月十日付けの新聞に掲載されているので、一ヶ月後の誤認ではないだろうか。

Ⅳ　マサリクの日本に対する眼差し

マサリクの時事評論における「日本」の位置付けについて、簡単に触れておこう。前述したようにこの時期の『日刊新聞』には、かなりの数のマサリクの時事評論が掲載されている。そのなかの、先にも触れた「交戦国双方の世界計画」[☆12]という連載の論考では、進行中の第一次世界大戦の両交戦国を、次のように特徴づけている。

……プロイセンは軍国主義と軍事的秩序に基礎を置き、ハプスブルク家はプロイセンを模倣しているばかりか、基本的に軍隊を自国の固有の本質だと述べている。トルコも同様に軍国主義的で、反民族的で、非民主主義的な諸国が寄り集まった点で、中央列強と内的に一致する。ブルガリアの〔国王〕フェルディナントとその絶対主義は、無限会社［有限会社の反語］がお似合いである。

それに対して連合国は、もっとも民主主義的でもっとも自由な諸民族を代表している。政治革命の母フランスは共和国で、制定された近代的な立憲主義の祖国である。イギリスは議会主義の故郷で、ヨーロッパ革命の避難所だ（コシュート、マッツィーニ、マルクス、エンゲルスら）。〔アメリカ〕合衆国は最古の大きな共和国で、最初の成文憲法の祖国である。イタリアは反教皇的で自由思想の国だ。ベルギーは自由な憲法によって、後年の革命後の立憲君主制の手本である。ロシアは連合国に対抗して、その皇帝はむしろベルリンとウィーンの皇帝の方がお似合いだったが、しかし今日では西側の手本と教師たちを追い越して、急進社会主義的な、さらには最大限綱領主義者（マクシマリスト）的政府〔ボリシェヴィキ政府をさす〕を持っている。セルビアとモンテネグロはトルコ人に対して、英雄的に自由とキリスト教文化を擁護した。日本はロシアを恐れず、その拡張を撃退して、ヨーロッパ文化を習得してとはいえ、熱狂的に自国の独立と種族を護っている。――これらの国々の戦争目的は、帝国的でも反動的でもあり得ない。[13]……

こうした「言説」は、一九一八年四月に『東京朝日新聞』に掲載されたマサリクの連載記事「獨逸の東方侵略」と同じく、今日風に言えば、地政学的認識に基づき、「民主主義」理念を軸とした連合国擁護論と言っていいだろう。日本についての評価が（少なくとも短期的には）見当違いではないか、「軍国主義と軍事的秩序」に基礎を置いていた点では、むしろプロイセンとの共通点の方が大きかったのではないか、と異議を唱えることができるかもしれない。この点については、この時期のマサリクの政治評論全体に対する林忠行の巧みな総括[14]を換骨奪胎して、「マサリクの政治的な目的はチェコスロヴァキアの独立であり、日本をめぐる議論はその目的実現のための戦略的な論理にすぎなかった」と結論しておくのが、妥当なところかもしれない。

もう一点、この時点でのマサリクの日本に対する眼差しを示す資料を紹介しておこう。『日刊新聞』（一九一八年十一月二十六日、一二三九号、エカチェリンブルク）に掲載された、「日本政府とイギリス首相宛てのマサリク大統領の声明（在米チェコスロヴァキア出版事務所）：日本政府宛て[☆15]」がそれで、この記事は、同年九月九日付けの日本政府のチェコスロヴァキア国民評議会承認に対する「礼状」として、ワシントン駐在日本大使石井菊次郎宛てに送られたものである。

閣下。私〔マサリク〕は閣下に特別の感謝の念を込めて、チェコスロヴァキア国民評議会の名前で、九月九日付けの承認に対する深謝の表明を、日本政府に伝えてくださるようにお願いします。今次の世界大戦はそれ自身が諸民族の移動で、それによってわが民族はシベリアの自国軍を介して、遠く離れた日本国民とかくも緊密に接触するにいたりました。わが兵士たちは、勇敢な日本軍兵士と肩をならべて戦うという特権を持てることを、楽しみにしています。開戦時にはいかなる歴史家もいかなる国政指導者も、欧州の心臓部の民族が、極東の国民とかくも親密になるとは、予見できなかったことでしょう。――名高いドイツ人の東方進出政策は、出発駅がチェコで、日本は終着駅でした。地理的位置が我々両国を近づけたのです。我々は日本による〔チェコスロヴァキア国民評議会〕承認を、連合国の勝利によって導入されるだろう全人類の組織化の、効果的実例として受け取っています。

国民評議会は、シベリアの軍隊の共同事業について交渉に入るために、適時に日本政府にみず

からの代表を派遣します。　敬具

T・G・マサリク、チェコスロヴァキア国民評議会議長

すでに序章で指摘したように、「開戦時にはいかなる歴史家もいかなる国政指導者も、欧州の心臓部の民族が、極東の国民とかくも親密になるとは、予見できなかったことでしょう」というマサリクの文章は、この時期の日本とチェコスロヴァキアの相互関係を、簡潔に特徴づけていると言える。「わが兵士たちは、勇敢な日本軍兵士と肩をならべて戦う」云々の一節に対しては、さきほどの時事評論「交戦国の世界計画」と同じく、日本の「軍国主義」に対する見方が甘いのではないか、という批判が可能かもしれないし、この部分は「外交辞令」の「リップ・サービス」なので、重視するにはあたらないとする立場もありえるだろう。ここでは、ともに「連合国」側に立つ日本とチェコスロヴァキア独立運動の「利益」が一致しているという認識と、双方の関係が、「連合国の勝利によって導入されるだろう全人類の組織化」（具体的には国際連盟をさす）につながるという展望に、注目しておきたい。

先に引用した『東京朝日新聞』の特派員渡邉誠吾が、ワシントンのマサリクのもとを訪問したのは、たまたまマサリクがこの文書を執筆していたときだったようである。渡邉のルポルタージュには「……〔マサリク〕教授は「唯今チェック・スロヴァック国民運動に関する日本の承認に対して、感謝の書面を認めた許りの処です。未だ石井〔菊次郎〕子爵の御手許にも届かぬう

ちですから、案文を御目にかける事だけは許して下さい」といってニコニコして居る。……」
という記述が見出される。

ちなみにマサリクのこの書簡は、九月九日の承認後しばらくしてから書かれ、九月十八日に石井菊次郎宛てに送られたようだ〔渡邉の記事にも九月十八日の日付が打たれている〕[☆16]。

その先で渡邉は、日本のシベリア出兵に対するマサリクの見解として、次のような発言を記録している。

> その〔マサリクの〕主張によれば、露國を獨逸の魔手より救援する者は、今日の頃合日本を措いて外にない、という概括論から出立して、「日本は露國の第一革命〔一九一七年の二月革命をさす〕の当時に於いて、夙《つと》に欧州〔ヨーロッパ・ロシアをさすと思われる〕に出兵して、その〔ロシアの〕瓦解を救済すべきであり、又救済する事が出来たのである」と、頗《すこぶ》る断定的な意見を持って居た。言を換えて言えば今日日本の出兵は、時機甚だ遅きに失して居るとも取れるが、記者〔渡邉〕は茲《ここ》において「然らば日本及び連合軍は懸軍長駆〔後方支援のないまま、奥深く入り込んで〕、露國の本土に於て〔対独〕東部戦線を恢復するだろうかどうか」と反問したら、教授はそれにも肯定的の見解を以て、「近き将来に於て、多分そうなるだろうと信じて居る」といい、尚「少くとも自分は斯くある事を祈つて止まないのである」とつけ足した。

V　マサリクの日本訪問の「謎」――彼は田中義一参謀次長と会ったのか？

さて本章の締めくくりとして、マサリクの日本訪問にまつわるひとつの「謎」に、触れておかなければならない。

話をわかりやすくするために、本章で検討した日本側とチェコスロヴァキア側の資料に基づいて、マサリクの日本滞在中の足取りを、日誌風に再現しておこう。

四月六日　下関に上陸
　八日　東京の帝国ホテルに投宿、その後、連合国（英米）の駐日大使と接触
　十四日　『東京朝日新聞』の二人の記者のインタヴューを受ける。
　十五日と十六日（?）　その記事に触発された東京警視庁外事課の担当者（そのうち一人は竹山安太郎）の訪問を受ける。
　十九日　彼らの斡旋で外務省を訪問し、幣原喜重郎（?）に「そっけなく」応接される。その日のうちに横浜に移動。
　二十日　正午に同地からアメリカに向けて出港。

だがここで、もうひとつ検討しておかなければならない資料がある。それは『田中義一傳記』上巻（田中義一伝記刊行会、一九五八年）である。同書中に「第四章　マサリイク博士と参謀次長の会見＝チェッコスロバキア独立運動の首魁来朝＝」という一章があり、「田中大将マサリイク博士と私（山ノ井愛太郎氏述）」という、十四頁ほどの文書が収録されているからである。

本伝記の編者（高倉徹一？）の記述によると、「チェッコスロバキア独立運動の主盟マサリイク博士は、在欧露並に在シベリアのチェッコ国民軍の救出を懇願するため、米国に於てウィルソン大統領と折衝を続け、次いで〔大正〕六《ママ》年四月五日海路横浜に上陸入京、帝国ホテルに投宿し、政府当路〔要人〕とチェッコ軍救出に関する折衝を試みたのであるが、入京早々先ず会見したのは田中〔義一〕参謀次長であった」（同掲書、七三四頁、傍線は長與による）。両者の会見の模様を伝えているのは、その際に通訳を務めたという「日本に唯一人チェッコ語を解する山ノ井愛太郎という無名の青年」（同頁）だったという。

山ノ井愛太郎については本書の第四章で、改めて取り上げることにするが、山ノ井の言に従うと、マサリクは「アメリカに至ってウィルソン大統領にも会見し、チェッコ系在米移民間を遊説し、且つ資金を調達しつつサンフランシスコより、海路日本に向って航海を続け、横浜に着いたのは大正七年四月五日の午後三時頃で、[☆17]出迎えるものは小久保〔参謀本部の役人？〕、山ノ井〔愛太郎〕、〔ヴァーツラフ〕ニェメツ、プロハスカと憲兵二人だった」（七三九頁）。マサリクは帝国ホテルに投宿し、山ノ井は連日、通訳兼ガイドを務める。その間の四月七日と九日、そして十八日の三度にわたって、田中義一参謀次長がマサリクと接触したという。

山ノ井は「田中大将の〔四月七日の〕第一回会見があってから、私は日本、チェッコ両方面からマサリイク博士の行動に就いて誰人にも口外せぬよう依頼せられた」(七四二頁)と書いている。とくに四月九日の接触は、さながら「諜報活動」まがいである。田中とマサリクは同日正午に日比谷音楽堂の前で、人目を避けるように密かに落ち合った〔文脈から判断すると、マサリク身辺のアメリカ人〔「アドバータイザの社長フレイシェア氏」他〕の目を避けるためだったように読める〕。「〔田中〕大将も和服の着流しで私〔山ノ井〕を中にはさみ、約四十分程ただ歩きながら話された。その会談の内容をあけすけに云うと／シベリア出兵の条件／イ、できるだけアメリカに依存しないこと。／ロ、被服、軍需品、食糧の補給と武力の援助はなすが、アメリカにはただ日本赤十字の協同の下に、戦傷兵の医療のみを任すこと。／ハ、共同作戦の時は日本の指揮に従うこと。／ニ、占拠地に於ける日本人の優先利権を認めること。／ホ、占拠地の使用貨幣は可成《なるべく》日本貨によること。大将は以上を詳解した書類を手交され、旅費のたしにもとチャータード・バンクの小切手を渡され、「尚お必要の準備のため出来るだけ早く責任ある協議者を日本によこし、このことにあたらしむるよう」と言い足された」(七四四頁)と記録している。山ノ井はそれに付け加えて、「この会談の内容は全く誰人にも知れずに今日に至っている」(七四五頁)と記している〔伝記の編者によると、山ノ井の文書を入手したのは昭和十五年〈一九四〇年〉秋〈七三四頁〉〉。

山ノ井の記述は、細部の描写が具体的で、確かにある種の「信憑性」を感じさせる。ただしいくつかの疑問点を指摘しておかなければならない。

（一）まず目立つのはマサリクの来日の日付と経路である。山ノ井は、マサリクが四月五日にアメリカから横浜に入港し、山ノ井自身も港で出迎えたと書いているが、本章で検討したようにマサリク自身の証言によると、彼はウラジヴォストークから朝鮮経由で、四月六日に下関に上陸している。

（二）山ノ井は、マサリクがアメリカでウィルソン大統領と会見してから来日した、と書いているが、歴史的事実はぎゃくで、マサリクは日本からアメリカに渡ってから、ウィルソンと折衝している。

（三）山ノ井は文書中で、一九一八年四月一日に、ヤン〔オルドジフ？〕・プロハースカともう一人の中年のチェコ人を紹介されたが、「そのチェッコ人はやはり独立運動に加盟する人で、もと判事のヴァツラフ・ニェメツという法学博士で、後に初代の駐日チェッコ公使になられた」（七三八頁）と書いている。ヴァーツラフ・ニェメツの経歴については本書の第三章注11で紹介するが、彼が来日したのは一九一八年十月中頃、つまりマサリクの訪日の半年後のことである。

（四）田中がマサリクに手渡したという「シベリア出兵の条件」については、一九一八年四月段階のものとしては「先見の明がありすぎる」と言わなければならない。この時点では、シベリア鉄道で東方に移動中のチェコスロヴァキア軍団は、まだソビエト政府と衝突しておらず（軍団の「反ボリシェヴィキ武装出動」は五月末）、かりに田中義一が軍団のことを知っていたとしても、この時点で「武力の援助」とか「日本軍との共同作戦」といった表現が出てくるとは思われない（こうした表現が現実味を帯びるのは、同年八月二日の日本政府の「シベリア出兵」宣言以後のことである）。

マサリクが日本の外務省に要請したのは、軍団撤収のための船舶などの提供であって、「軍事援助」ではなかった。付け加えておけば、「アメリカに依存するな」という田中の「メッセージ」に対して、マサリクがどのように返答したかは記録されていない。「旅費のたしにもと……小切手を渡され」たという記述は、マサリクの「名誉」に係わるかもしれない。

山ノ井が書いていることが事実だとしたら、マサリクは来日そうそう、陸軍参謀本部の要人と接触していたことになり、マサリクの日本滞在の意味を、根本的に再検討しなければならないことになる。前述したいくつかの疑問点からして、山ノ井の証言をそのまま事実として受け取ることはできないが、しかし山ノ井の伝記資料と比較すると、彼の証言にはある種の「信憑性」も認められて、でっち上げの「怪文書」として切り捨てることにも、ためらいを覚える（この点については第四章で改めて触れる）。マサリク、ニェメツ、田中義一、山ノ井愛太郎、その他の関連人物についての、今後の調査と研究の進展によって、このエピソードの内容が確認、修正、あるいは否定されるのを待つ他ないだろう。

ちなみに林忠行は、先行研究のひとつであるチェコ語論文のなかで、山ノ井の文書を取り上げて、「〔彼の〕回想のある部分は誤ったデータを含んでいるか、その他の史料と一致して」おらず、「これを読む際には慎重でなければならない」と指摘している。同時に田中とマサリクの二度目（四月九日）の「会合」に注目して、前述の田中の五点の「シベリア出兵の条件」を引用し、このエピソードは、「〔日本の〕参謀本部がチェコスロヴァキア軍団を自身の目的のために利用しようと試みたが、いっぽう外務省の方はこの問題に対して無関心にふるまった」ことを示していて、第一次世界大戦期の日本の「二重外交」を象徴する出来事だ、と書いている。☆18

【補論1】　外務省外交史料館所蔵のマサリク関係資料三点

外務省外交史料館に収録された資料群「露国革命一件／出兵関係／「チエッコ」軍団「民族運動」連合国側ノ援助」に、マサリクの訪日に関連する三点の文書が収録されている。
（一）一九一八年（大正七年）四月十五日付けの「帝國ホテル止宿ボヘミヤ國人博士テー・ジー・マサリツク」、（二）四月十六日付けの「ボヘミヤ人ニ関スル件」、（三）四月十九日付けの「ボヘミヤ人ニ関スル件」（アジア歴史資料センター、Reel No. 1-1327, 0010-0015, 0043）。

一通目の文書でマサリクは訪問者に、本野一郎外務大臣に面会して助力を仰ぎたいが、大臣が病気で入院中と知り、「貴官ヲ経テ本野閣下ノ次官、又ハ其他ノ方ニ御面会シ得ラルル様、御尽力アラハ誠ニ幸甚ナリ」と依頼している。なおマサリクは「日本人ニハ知己一人モナキ」とも述べている。二通目の文書はおもに、マサリクが日本入国に際して使用した他人名義のパスポート（T・G・マルスデン名義の英国旅券）についての説明に費やされている。さらに、「実ハ本日〔四月十六日〕ハ日光ヘ行ク都合ナリシモ、之ヲ中止シセルヲ以テ、来ル十九日米国ヘ出発迄ニ、何時ニテモ御面会叶フナリ」というマサリクの言葉も記録されている。

この二通の報告書の筆者はまちがいなく竹山安太郎であり、彼が四月十五日と十六日の二度にわたって、帝国ホテルに滞在するマサリクを訪問したこと、訪問のおもな目的は、パスポート問題についての事情聴取にあったらしいことがわかる。マサリクの外務省訪問を仲介したのが竹山であったことは、竹山自身の著作で繰り返し述べられている。[☆19]

三通目の文書には、「右者〔マサリク〕兼テ外務次官訪問ノ件願出テ●タル処、昨日〔四月十八日?〕回答ヲ得シヲ以テ、本日〔四月十九日〕午前十一時外務省ヲ訪問、外務次官代理ニ会見ノ上、其計画ニ依ルボヘミヤ兵五万人輸送ニ関スル書類ノ内容ヲ説明シ、本野外務大臣閣下ニ上申方依頼セリ」とあるので、マサリクが外務省を訪問したのは、四月十九日であることが判る。奇妙なことに竹山は後年の著作で、マサリクの外務省訪問を「四月十日午前十時」としている（『西比利亜事變と国際関係の眞相』、八頁、『大戰と建國奮闘秘録』、七頁）。これはなにかの勘違いだろう。

チェコ共和国の文書館には、マサリクが日本で受け取った何枚かの名刺が保管されている。プラハの軍事歴史文書館Vojensky historický archivのTGMコレクションには、次の四枚の名刺が収められている（この資料は林忠行氏に提供していただいた。記して感謝する）。

そのうち二枚は日本語で、「東京朝日新聞記者　下長根澄」と「福田市平　東京朝日新聞」と表記されている。添えられたマサリクのチェコ語のコメント――「〔一九〕一八年四月十四日、晩（十時）にやって来た。マグネシウムを焚いて写真を撮影した。政治的関心はなく、たくさんの質問をしただけで、伝記については、私〔マサリク〕についての【判読不能】電報と、【判読不能】人名録（フーズ・フー）から。〔記事は一九〕一八年四月十五日月曜に出た〕」

次の二枚は英語表記で、「M. Nagatani. The Section for Foreign Affairs, The Metropolitan Police Board. Tokyo」〔M・ナガタニ、東京警視庁外事課、東京〕、「Y. Takeyama. Interpretor and Inspector. The Section for Foreign Affairs. The Metropolitan Police Office. Tokyo」〔竹山安太郎、通訳兼調査官、東京警視庁外事課、東京〕と読める。添えられたマサリクのチェコ語のコメント――「一九一八年四月一六日、東京。〔ナガタニについて?〕高級官僚。私を詳細に問いただした。他人の名義の旅券を持つことは、日本の法律に反するので、このことは厄介事になっている。／〔外務大臣が〕

私〔マサリク〕と面会できるかどうか、省庁〔外務省〕で訊ねてみた。本日か明日に、返答を受け取る。モトノ〔本野一郎外務大臣〕は入院していて、私と面会できないだろう」

プラハのT・G・マサリク研究所Ústav T. G. Masaryka には、竹山安太郎の別の名刺が一枚、保管されている（図3と図4）。

図3は名刺の表面で、Y. TAKEYAMA〔Y・タケヤマ〕の氏名と、連絡先として18. SANCHOME NISHIKICHO. / KANDA TOKYO. / TEL. NO. KANDA. 1714.〔錦町三丁目十八番、神田、東京　電話番号　神田　一七一四番〕という文字が印刷されている。上部の手書きの文字はJaponsko〔日本〕。

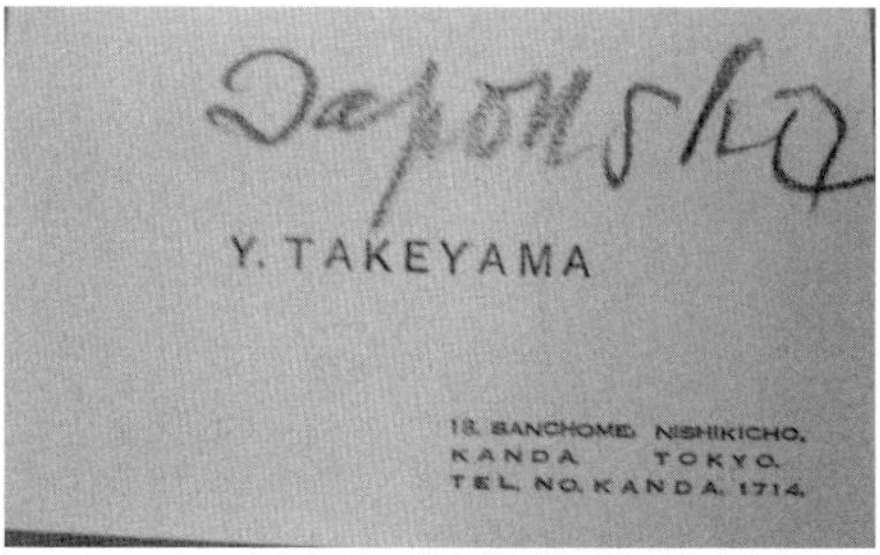

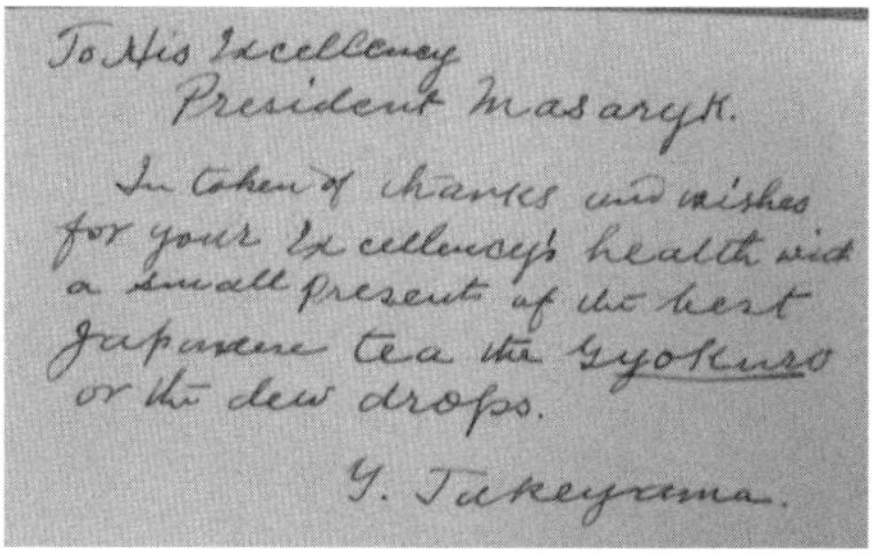

上：図3「Y. TAKEYAMA」と書かれた名刺。
下：図4　名刺の裏面。

図4は同じ名刺の裏面。手書きで、To His Excellency / President Masaryk. / In token of chances and wishes / for your excellency's health with / a small present of the best / Japanese tea the Gyokuro / or the dew drops. / Y. Takeyama. と記されている。文面は「マサリク大統領（?）閣下に、機会の記念に、閣下の健康を願って、日本の最高のお茶玉露、あるいは玉の露とともに。Y・竹山」とでも訳すのだろうか。

竹山安太郎のこの二枚の名刺は、いつマサリクに手渡されたのだろうか。一九一八年四月十五日〔?〕に（おそらく）上司のナガタニと訪問した際に、第一の名刺を渡し、翌日再訪した際に、第二の名刺を玉露とともに渡したのだろうか。それにしては「大統領」の称号が腑に落ちないが（マサリクが本当の大統領に就任するのは、この年の十一月十四日）、この場合の「プレジデント」は、当時のマサリクの「肩書き」であった「チェコスロヴァキア国民評議会議長」という意味なのかもしれない。あるいは本章で述べたように、一九二〇年三月六日に竹山が、ハルビンのチェコスロヴァキア軍団事務所を訪れた際に、マサリクに渡してくれるように言付けた可能性も否定はできない。いずれにせよ、第二の名刺もプラハの文書館に収められている事実は、名刺（と玉露?）がマサリクに手渡されたことを物語っているように見える。

□注

☆1　マサリクの日本訪問に関する先行研究としては、林忠行「日本＝チェコスロヴァキア関係（一九一八年）――T・G・マサリクの訪日を中心として」『日本と東欧諸国の文化交流に関する基礎的研究』（日本東欧関係研究会、一九八二年、二〇二―二〇六頁）、同『中欧の分裂と統合――マサリクとチェコスロヴァキア建国』（中公新書、一九九三年、六―一一頁）、Tadayuki, Hayashi: T. G. Masaryk, *československé legie a Japonsko. In: První světová válka, moderní demokracie* a T. G. Masaryk. Ústav T. G. Masaryka, Praha 1995, ss. 89-95.〔林忠行「T・G・マサリク、チェコスロヴァキア軍団と日本」『第一次世界大戦、近代民主主義とT・G・マサリク』（T・G・マサリク研究所、プラハ、一九九五年、八九―九五頁）〕がある。

☆2　一九一八年のチェコスロヴァキア国家成立までのマサリクの生涯について、詳しくは林忠行『中欧の分裂と統合――マサリクとチェコスロヴァキア建国』を参照。同書は、対象に対して適度の距離を保った好著であり、再版・改定版の上梓が望まれる。

☆3　Tadayuki, Hayashi: T. G. Masaryk, československé legie a Japonsko. s. 90. および本章の「補論2　マサリクと日本人の名刺」を参照。

☆4　『チェコスロヴァキア日刊新聞』に掲載されたマサリクの一連の時事評論は、一九一八年十月末に『新欧州』のタイトルのもとでイギリスで英語版が、一九二〇年一月にはプラハでチェコ語版が出版された。林忠行「戦略としての地域――世界戦争と東欧認識をめぐって」『講座　スラブ・ユーラシア学　第I巻』（講談社、二〇〇八年、一一五頁）の注（24）を参照。マサリクがここで展開した議論についての歴史的考察は、同論文「第2節　マサリクと「小さな諸国民の地帯」」（九九―一〇六頁）を見よ。

☆5　Masaryk, T.G.: *Světová revoluce. Za války a ve válce* 1914-1918. Masarykův ústav AV ČR, Ústav T.G.Masaryka, Praha 2005.　邦訳――マサリツク大統領著、竹山安太郎譯『チエツクスロワキヤ國　建國と理想』（日東出版社、一九三一年）

☆6　*Ibid.*, VI. Na Dálném východě, Tokio: 6.-20. duben 1919. s. 159-163.　前掲書、二六七―二七五頁

☆7　『幣原喜重郎』、幣原平和財団、昭和三十年、一二五頁。なお本章を草稿段階で「査読」してくださった林忠行氏から、次のようなコメントをいただいた。――「外務省の記録では、マサリクに会ったのは「外

務次官代理」となっているので、幣原とも会っていないと考えています。……マサリクも竹山も「幣原に会った」と思いこんでいるだけでは、というのが私の解釈です」（二〇二一年十月二十八日付けの長與宛ての私信）。「外務省の記録」云々については、本章末の「補論1　外務省外交史料館所蔵のマサリク関係資料三点」の三通目の文書を参照。

☆8　T. G. Masaryk v Japonsku. (Vzpomínky japonského úředníka.), *Československý denník* [ďalej *ČSD*], 10. dubna, 1920, č. 652, Charbin　以下『チェコスロヴァキア日刊新聞』から引用するに際してデータは、「原文タイトル、*ČSD*, 発行年月日、通し番号、発行地」の順で記載する。なお皮肉なことに、この号が発行された一九二〇年四月十日の翌日に、本書の第六章と第七章で取り上げる「不幸な」ハイラル事件が発生した。

☆9　本章の注7を参照。

☆10　Naši ve Vladivostoku, *ČSD*, 20. května, 1918, č. 79, Omsk

☆11　竹山安太郎『西比利亜事變と国際関係の眞相』（第壹巻、日東出版社、一九三四年、二七九―二八〇頁）。このエピソードは、マサリツク大統領著、竹山安太郎譯『チエツクスロワキヤ國　建國と理想』の「譯者序」（一五―一七頁）と、エドワード・ベネシユ、竹山安太郎譯『大戰と建國奮闘秘録』（日東出版社、一九三四年）の「訳者序」（八―一〇頁）にも見出される。

☆12　T. G. Masaryk, Světové plány válčících stran, *ČSD*, 19, 20, 22, 24. dubna, 1918, č. 55, 56, Penza; č. 57, Samara; č. 58, Ufa

☆13　Tamtiež, *ČSD*, 22. dubna, 1918, č. 57, Samara

☆14　原文は、「マサリクの政治的な目的はチェコスロヴァキアの独立であり、東欧をめぐる議論はその目的実現のための戦略的な論理にすぎなかった」、前掲論文、一〇六頁

☆15　Projevy prof. Masaryka japonské vládě a britskému premieru. (Českoslov. tisk. kancelář v Americe.) : Japonské vládě, *ČSD*, 26. listopadu, 1918, č. 239, Jekatěrinburg

☆16　『東京毎日新聞』（九月二十三日）に「承認感謝　チエツク代表者を日本に送らん」と題する次のよう

な記述がある。「九月十八日チエックスロバック国民協会会頭マサリック博士より、今回の承認に対し帝国政府に謝意伝達あり度き旨、同協会より近々帝国政府へ代表者を派遣する予定なる旨、公文を以て石井大使に申越したる由なり」

☆17　山ノ井はこの人物を「ヤン・プロハスカ」と書いているが、日本とチェコスロヴァキアの文化交流史に詳しいペトル・ホリー氏から、「オルドジフ・プロハースカ」のことではないか、という指摘をいただいた。今後の調査課題としたい。

☆18　**Tadayuki, Hayashi: T. G. Masaryk, československé legie a Japonsko. s. 91.**　なお本件について問い合わせた長與のメールに対して、林氏から次のような返信があった。――「私の「二重外交」についての言及は、「もし、上記の会見が事実だとすれば……」といった留保をすべきだったと思います。現時点でいえば、私はこの会見があったという事実についてはかなり懐疑的です」（二〇二一年十月二十八日付けの長與宛ての私信）

☆19　たとえば、マサリック大統領著、竹山安太郎譯『チエックスロワキヤ國　建國と理想』の「譯者序」（一二―一三頁）

第二章　オロヴャンナヤ駅での邂逅

——チェコスロヴァキア軍団と日本軍の「蜜月」とその後

I　最初の接触[☆1]

『チェコスロヴァキア日刊新聞』紙上で、多少ともまとまって「日本の干渉」について報じられるのは、一九一八年春のことである。「モスクワにて、一九一八年三月三十一日」の日付の打たれた報道記事「政治情勢について」（一九一八年四月三日、四一号、ペーンザ[☆2]）は、当時のロシアのマスコミ報道に依拠しつつ、三月初頭のブレスト・リトフスク講和条約締結後のソビエト・ロシアの当面の問題として、「ロシア軍〈赤軍〉の再編」とならんで「日本の干渉」の可能性を挙げて、次のように述べている。

日本の干渉に対するロシアのマスコミの立場は、ほぼ一致している。もちろん理由はさまざまだ。左派諸政党〈の拒否的立場〉については言及するまでもなく、彼らの視点はとうに明らかだ。だが重要なのは、ブルジョア・マスコミの否定的立場である。『ロシア報知』紙は三月二十日にこう書いた。――「もしも我々が、干渉と不干渉のあいだの選択の自由を持っているとしたら、わが国〈ロシア〉の現状がいかに困難なものであれ、国民的名誉と国民的利害関係の名前において、我々は断固として外国の干渉を拒否しなければならない」

ここには一九一八年八月の日本の本格的なシベリア出兵開始以前の、ロシア世論における外国の軍事干渉一般に対する国民的な拒否感が記録され、とくにロシア領極東地域で「想定される」日本軍の干渉に対しては、「左右」を問わず強い反感が存在することが指摘されている。この時期以後『日刊新聞』には、「日本の干渉」関連の記事がしばしば掲載されるようになる。

一九一八年四月五日に、ウラジヴォストーク港に停泊していた日本艦隊は、居留民の生命と財産の保護を理由として、イギリス軍と共同で陸戦隊をウラジヴォストーク市内に上陸させたが、[3]すでにこの時期から、チェコスロヴァキア軍団と日本軍の直接の接触がはじまっていた。軍団の第一陣（第五連隊と第八連隊など）はシベリア鉄道を経由して、一九一八年四月末にウラジヴォストークに到着したが、ルポルタージュ「ウラジヴォストークのわが軍」（一九一八年五月二十日、七九号、オムスク）には、同地に駐屯する日本軍との、最初の接触の様子が記録されている。

ウラジヴォストークの〈連合軍〉上陸部隊は、日本軍の四個中隊に限られて、港には何隻かの連合国の軍艦が停泊している。それ以外ウラジヴォストークは、ソビエト政府が支配している。わが軍〈チェコスロヴァキア軍〉部隊は日本軍部隊と出会うと、通常の軍規に従って相互に敬礼を交わす。[4]……

同年五月末のチェコスロヴァキア軍による「反ボリシェヴィキ武装出動」後、シベリア鉄道沿線での軍事情勢が軍団に有利に展開するなかで、ウラジヴォストークに駐留していたチェコスロヴァキア軍も六月二九日に武装出動して、現地のソビエト政府を打倒した。[☆5]一九一八年（大正七年）八月二日付けで「シベリア出兵に関する日本政府の宣言に関する件[☆6]」、いわゆる「シベリア出兵宣言」が布告される。この時期の日本＝チェコスロヴァキア関係に直接に係わる基本文献なので、全文を現代語訳で読んでおこう。

〔日本〕帝国政府は、ロシアおよびロシア国民に対するこれまでの隣人としての友誼を尊重し、ロシアが早急に秩序を回復して、健全な発展を辿るように、心から願っている。しかし最近、ロシアの政治情勢は著しい混乱状態に陥り、さらに外圧を制御できないことに乗じて、中央諸国〔ドイツとオーストリア＝ハンガリーをさす〕はロシアに甚だしく圧力を加えて、その影響ははるかロシア領極東にまで浸透した。実際に「チェコスロヴァキア」軍の東方への移動を妨害して、同軍内に多数のドイツとオーストリア捕虜が混入し、現実にその指揮権を掌握するような事態が、明白になっている。

そもそも「チェコスロヴァキア」軍は、以前から国民国家を建国する願望を持って、終始連合列強と共同して、敵に対峙していたので、その安否は同盟国に影響することがないとは言えない。これが連合列強とアメリカ合衆国が同軍に対して、大きな同情を寄せている理由である。いまや連合列強は、同軍がシベリア方面において、ドイツとオーストリア捕虜のために著しい迫害を被っている、という情報を受けて、空しく手をこまねいて傍観することができず、すでにその兵員をウラジヴォストークに派遣した。アメリカ合衆国政府も同様にその困難な状況を認めて、帝国政府に提議して、まず早急に救援の軍隊を派遣することにした。このような状況になったので帝国政府は、アメリカ合衆国政府の提議に応じて、その友好感情に報い、また今回の派兵によって連合列強に対して、足並みをそろえて、信頼関係を強化するために、速やかに派兵の準備を整えて、まず軍隊をウラジヴォストークに派遣することにした。

上述の措置を講じるに当たって、帝国政府はひたすらロシアおよびロシア国民と、永続的な友好関係を新たにするように希望しているので、つねに同国の領土保全を尊重し、あわせて国内政策に干渉しないという、規定方針を声明すると同時に、所期の目的を達成した場合には、政治的または軍事的にその主権を侵害することなく、速やかに撤兵することをここに宣言する。

日本＝チェコスロヴァキア関係の視点からこの宣言を読むと、日本政府がチェコスロヴァキア独立運動を、「国民国家」形成をめざす動きとして、公然と支持した点が注目されるが、それが連合国としての「共同歩調」の枠内の行動であることも、慎重に留保されている。シベリアにおけるチェコスロヴァキア軍の現状についての、「ドイツとオーストリア捕虜のために著しい迫害を被っている」という認識は、『日刊新聞』に掲載されたこの時期の軍団の戦況に、必ずしも対応していないような印象を受けるが、林忠行は『チェコスロヴァキア軍団　ある義勇軍をめぐる世界史』のなかで、「独墺俘虜について」という一節を設けて、「たしかに、連合国側の外交文書のなかに現れるその存在は、過大なものであった。しかし、同時に、戦闘に突入したチェコスロヴァキア軍団にとって、この武装した「独墺俘虜」たちの存在はそれなりに現実的なものであった」[☆7]と指摘している。

宣言の末尾にあるロシア国家と国民に対する「友好関係の保持」、「領土保全の尊重」、「内政不干渉」、さらに「主権尊重」と「目的達成後の即時撤兵」は、協調外交の原則の確認として、この段階では「格調高い」響きを持っていた。

Ⅱ　オロヴャンナヤ駅での邂逅

八月二日付けの日本政府のシベリア出兵宣言の内容は、ただちに『日刊新聞』の編集部に伝えられたわけではない（当時編集部は西部シベリアのオムスク、ウラル地方のエカチェリンブルクなどに置かれていた）[☆8]。『日刊新聞』が日本軍出動の事実を具体的に確認したのは、八月末頃のようである。「八月三十一日」の日付のあるチェコスロヴァキア軍団東部戦線司令官ラドラ・ガイダ大佐（当時）の電信を伝える記事「東方で（東部戦線司令官ガイダ大佐との直接の電信会話から）」（一九一八年九月三日、一六七号、エカチェリンブルク[☆9]）には、次のような一節が見出される。——

本日〔八月三十一日〕、大尉の階級を持った日本代表の将校が私〔ガイダ〕のもとに、我々〔チェコスロヴァキア軍〕の立場について知らせに来た。日本の〔出兵〕宣言を見せてくれたが、そこから読み取れるのは、日本が本当に対ドイツ戦線の再建を願っていることだ。〔日本軍の大尉は〕日本で動員が行なわれ、ロシアに派遣される予定の大軍を準備中だ、と請け合った。数千人の日本軍がハバロフスク近郊の戦闘に参加し、ボリシェヴィキ派は退却した。あらゆる徴候から、日本が我々〔チェコスロヴァキア軍〕に対してもロシア人に対しても、ひじょうに友好的にふるまっている様子が見て取れる。

一九一八年八月末―九月初頭のオロヴャンナヤ駅〔東部シベリアの、チタと満州里の中間の鉄道駅〕での邂逅は、軍団にとってひじょうに印象的な出来事であったようだ。「オロヴャンナヤ九月三日」の日付が付された軍団員ジャーチェクのルポルタージュ「東方からの手紙」〔一九一八年九月一九日、一八一号、エカチェリンブルク☆10〕は、この出来事を詳細に報告している。興味深い内容なので、全文を引用することにする。

我々〔チェコスロヴァキア軍〕の〔東部戦線〕集団と「ウラジヴォストーク」集団の結合と、〔欧州の〕西部戦線での連合軍の成功裡の進軍の報せによって呼び起こされた感激が、まだ冷めやらないうちに、〔わが軍の〕本部車両の周辺の動きは、なにか尋常でない出来事を予感させる。そして本当に、堅固で規則的な足並みで、そろった二列縦隊で小銃を「肩」に担いで――満州鉄道で我々の戦友とともに戦う日本軍の最初の前衛部隊がやって来る。ガイダ将軍の車両の前で短い命令で立ち止まると、整列して、代表が東部戦線最高司令官〔ガイダ〕の車両に踏み入る。この代表のスポークスマンは、日本軍からチェコスロヴァキア軍への挨拶を伝えて、わが部隊について賞賛の言葉を述べた。日本軍は、戦場で彼ら〔チェコスロヴァキア軍〕を知る機会を得て、その勇敢さに感嘆している。

日本人兵士が我々に与えた印象は大きかった。いくつかの行進の動作と小銃の「操作」から、我々はすぐさま、眼前にしているのが厳しく規律化されて、見事に訓練された軍隊の構成員であることを感じ取った。小柄で同じような背丈、がっしりした体格、丸くて健康そうで微笑みを浮かべた顔、賢そうな目つき、強いられたものでない自覚的なふるまい――これらすべてが示しているのは、勇敢で、忍耐強く、敏捷で、創意に満ちた日本人兵士の噂が、なんら誇張されたものでないことで、彼らを戦闘のなかで見る機会を持った「ウラジヴォストーク」集団のわが兄弟たちは、そのことをもっともよく断言できる。

日本軍は言葉の真の意味で国民軍であり、民族全体の誇りだ。民族が軍の改善のために支払った最大の犠牲も、彼らにとっては苦にならない。日本人は、こうした犠牲が百倍になって戻ってくる時期が来ると、固く信じている。各日本人の最高の理想とはなんだろうか。彼らの民族的・

政治的願望が実現されることだが、それは周知のように、軍隊なしではまったく不可能だろう。日本民族全体が、入念な国民教育と日本のジャーナリズムのおかげで、その信念を抱いている。

部隊の隊長は、上手にフランス語を話す二人の日本人将校で、日本のジャーナリスト黒田乙吉〔彼は二つの日本の代表紙『東京日日新聞』と『大阪毎日新聞』の軍事特派員だ〕が通訳する。黒田はモスクワ大学で日本語講師を勤め、ウラジヴォストークでわが軍をよく知っている。そこでわが軍と友好関係を保って、とくにギルサ博士を好意的に回想している。特派員を務める新聞に、チェコスロヴァキア民族とマサリク教授についての一連の紹介記事を書き、彼の肖像写真が前述の新聞に掲載された。黒田はマサリクの名前を、すでに戦前〔第一次世界大戦以前〕から知っていた。

接見の後で日本人兵士が、わが軍とロシア人の見物人と混ざり合ったときは、見ものだった。彼らはすぐさま、わが家にいるように寛いだ。――万事が彼らの関心を引いて、あらゆる事を知りたがる。わが軍〔チェコスロヴァキア軍〕の兵士は身振りによって、日本兵が小銃をロシア語でなんというのか知りたがっている、と推測する。〔ルジョー（小銃）という〕答えに満足した日本兵は、手帳を取り出して入念に記録する。「交流」の現場に自動車がやって来ると、同じことが繰り返される。ふたたび日本兵は「アフトモビーリ〔自動車〕」と記録する。なんという知識欲だろうか。それも例外なく全員がそうなのだ。

日本兵の全般的印象は、その軍事的強健さへの硬い信頼をかき立てる。我々の熱望は、わが軍も軍事的な意味で、日本軍と肩を並べることができるように、ということだ。
日本人が自国の軍隊をこうした完璧さに導いた方法は、周知のところであり、〔日露戦争で〕ロシア軍がなにによって打ち破られたかも、我々はよく承知している！　この違いをよく自覚できれば、わが軍がいかなる道を行くべきかを決めるのは、きっと難しいことではないだろう。

日本軍兵士に対する、ほとんど手放しの賞賛と言っていい内容だが、第一章の四二頁で紹介したマサリクの発言（勇敢な日本軍兵士と肩を並べて戦う」云々）からも判断できるように、この時期チェコスロヴァキア側は、ボリシェヴィキ派との戦闘を、第一次世界大戦の枠内での、「対独東部戦線」の復興と理解しており、日本軍の到着を、同戦線における連合軍（しかも「頼りになる連合軍」）の来援として受け止めている。あるいは日本軍のなかに、成功した「国民軍」の前例を見ようとしたのかもしれない。この記事が軍団兵士向けにチェコ語で書かれて、日本人の目に触れることを想定していない事情を考えると、この時点での軍団側の、正直な印象の表明と言えるかもしれない。

このルポルタージュの内容に関係すると思われる写真を四枚、お目にかけよう。いずれも軍事歴史文書館（プラハ・ルジニェ）の写真コレクションに所蔵されているものだ。
【図1】が貼り付けられた台紙に添えられたキャプションには、「一九一八年、オロヴャンナ

図1　ガイダ将軍の本部車両の前の日本軍小隊

ヤ——満州、第二師団司令部、ガイダ将軍の司令部に派遣された——日本軍の最初の部隊」とある。おそらく「東方からの手紙」で活写された「日本軍の最初の前衛部隊」で、背後の右手の車両は、チェコスロヴァキア軍団東部戦線最高司令官ガイダ将軍の本部車両だろう。なお台紙への手書きの書き込みによると、向かって右手の車両の昇降段の上に立っている将校は、本ルポルタージュの筆者ジャーチェクである。

【図2】(七〇頁)のキャプションには、「オロヴャンナヤ駅の、チェコスロヴァキア軍司令部の客となった日本軍将校と従軍記者たち」とある。向かって右端の軍団将校は本ルポルタージュの筆者ジャーチェク、三人目の日本人は、ルポルタージュのなかで触れられている『東京日日新聞』と『大阪毎日新聞』の特派員黒田乙吉[☆11]、四人目と七人目の日本軍将校(いずれも軍刀を持っている)は、いず

図2　オロヴャンナヤ駅での軍団と日本軍の将校と従軍記者たち

図3　オノン河の仮設橋の上の日本軍と軍団兵士

れかが「上手にフランス語を話す部隊の隊長（?）」、左端の軍団将校はおそらくカレル・フサーレク（一八九三―一九七二年）である。

【図3】キャプションには「オロヴャンナヤ、本物の日本人たち」とある。三人の日本軍兵士と、後ろにいるのはチェコスロヴァキア軍団兵たち。オノン河に仮設された橋の上で、歩哨に立っているのだろう。背後に見えるのは破壊された本来の鉄道橋で、この事情については、フランチシェク・シテイドレルのルポルタージュ「満州鉄道から」（一九一八年九月二十日、一八二号、エカチェリンブルク）[☆12]の、次の個所が証言している。

広くて流れの速い川に架けられた大きな鉄道橋は、片方の半分がボリシェヴィキ派とセミョーノフのあいだのこの前の戦闘の際に、完全に破壊されたので、復旧作業が長期間、列車のその先への運行を押し止めている。必要不可欠な交通連絡は、新たに修復された木製の仮橋沿いに、鉄道車両の移動によって行なわれている。

【図4】（七二頁）のキャプションには「一九一九（一八?）年九月八日、オロヴャンナヤ、破壊されたオノン河を渡る鉄橋のたもとで警備に立つ日本軍兵士たち」。同じ兵士たちが写っているので、おそらく【図3】と同じ時に同じ場所で撮影されたものだろう。背景に、破壊された本来の鉄道橋の姿が見える。

図4　同じ場所で。背後に、破壊された本来の鉄道橋が見える

シテイドレルのルポルタージュ「満州鉄道から」（同じく「オロヴャンナヤにて、一九一八年九月三日」の日付が付されている）も、ジャーチェクと同じ出来事を取り上げていて、やはり日本軍兵士に好意的な眼差しを向けているが、シテイドレルの場合、日本軍出兵への「期待」は、戦争の初期にロシア軍の捕虜になった時期に遡るようだ。

私〔シテイドレル〕は一九一四年秋に捕虜として、ロシア軍に占領された東部ガリツィアを通って、遥かなロシアに旅をしていたときのことを思い出す。すでに当時我々は、戦争の早期終結を目的としたロシア戦線での日本の騎兵隊についてのさまざまな噂によって、我々の幹部将校たち〔同じく捕虜になった親オーストリア派の将校、という意味だろうか？〕を脅していた。その後一九一五年に、カルパチアから撤退する無力なロシア軍の、今後の運命を思って恐怖に震え、日々増大するドイツの勝利の進軍を目撃していたとき、それは国内の我々の肉親の痛ましい迫害と結びついていた。我々は、仲間内の私的な会話のなかで飛び交う、露独戦線〔東部戦線〕への日本軍のまもなくの参戦についての情報を信じたいと願った。
つまり我々はとうとう日本軍と遭遇したのだ。彼らと出会ったのは、我々がすでに連合国の一員として、対等な立場にあるものとして、軍事・外交交渉に踏み入ることができる時期だった。小柄だががっしりして、真新しい清潔な軍服をまとった威風堂々たる黄色い若者たちは、我々にとって、新たな露独戦線での将来の成功の、堅固な保証である。彼らは満州鉄道を進んでいる……。彼ら以外に、仏英米の部隊も進み、そのなかのある者は、ウラジヴォストーク側からアムール鉄道で、ボリシェヴィキ派に対する戦闘に積極的に参加して、現在も戦闘中だ。
我々の新たな黄色い連合軍が、すべての〔チェコスロヴァキアの〕兄弟のもとで、どれほどの好奇心に満ちた注目を浴びているかは言うまでもない。我々の若者は彼らとちょっと言葉を交わして、塹壕の新たな戦友としての彼らを、身近に知りたいと望んでいるが、彼らとの意思疎通がとても難しいことが残念だ。……

シテイドレルは同じルポルタージュの第二回[☆13]で、こう続けている。

活動がいちばん活発だったのは、八月〔九月?〕五日と六日のオロヴャンナヤにおいてで、そこには東方から一連の梯団で、セミョーノフ軍・〔チェコスロヴァキア軍〕第八連隊の兄弟たち・日本軍が到着した。わが第八連隊の梯団の周囲では、熱烈な挨拶、心からの歓迎の辞と、喜ばしげな出会いがあった！　それは日本軍のチェプルーシカ〔暖房貨車〕のすぐそばだった！　新たに到着したわが兄弟たちにはお気の毒だが、我々はさらに生き生きして好奇心に満ちた関心を、今度はこの新しい客たち〔日本軍〕に向けた。写真技師たちは入念に、我々の文書館のために一連の写真を撮影し〔おそらく先に紹介した四枚の写真は、その折に撮影されたものだろう〕、別の兄弟たちはすばやく、日本兵の個々のグループを取り囲んで、滑稽なみぶりでいっそう親密な相互理解と、「チェコ＝日本関係」の樹立に努めたが、ウラジヴォストークからの兄弟たちの話によると、この関係はひじょうに睦まじくて友好的だ。日本軍兵士の規律ある動作、とくに武器の正確な取り扱いは、我々にもロシア軍の兄弟にも効果てきめんで、彼らは警備に赴くとき、なんとしても客たち〔日本軍〕の前で、引けをとりたがらなかった。

一方でシテイドレルは、現地のロシア人住民の様子も周到に観察して、彼らの「不安げな態度」も書き留めている。

最近、新たに再生したシベリアの眼差しは、オロヴァンナヤに注がれた。ふだんは政治に縁遠くて、セミョーノフ派とボリシェヴィキ派の戦いによって味わった恐怖の後で、戦争にうんざりしていた土地の住民は、怯えた顔つきと虚ろな眼差しで、兵士たちの密集した集団のあいだを通り抜けつつ、とくに日本軍と、金ピカの肩章をつけたセミョーノフ派の将校たちの到着を、不審げに眺めている。絶えずわが〔チェコスロヴァキア軍の〕兄弟のだれかれを呼び止めて、控えめに不安げな問いを投げかける。――「これはいったいなにを意味するのかね？　セミョーノフはどうなるのだ？　我々の自由は滅びないだろうか？　日本軍はなにを望んでいて、どこへ行こうというのか？」。我々の側からの宥めるような説明の後で、それでもなお不信げに溜息をつく。――「我々のところには、金も銀も穀物も、なんでも豊富にあって、日本軍は一度やって来たら、我々の地方と別れるのは、とてもとても辛いことだろう……！」

ロシア人のこうした諸々の問いと、隠しきれない危惧のなかには、どれほどの悲劇的状況が潜んでいることか。かつては、世界最大で最強の国家のひとつ〔旧ロシア帝国をさす〕の一員だった彼らが、今日では、ロシアの土地での新たな国際的干渉の、たんなる受け身の観察者になっているのだ！

Ⅲ　「日本人兵士の魂」に踏み入る試み

この時期の『日刊新聞』には、スタニスラフ・コヴァーシが執筆した長文の評論「日本人兵士の魂」（一九一八年九月二十日、二十一日、一八二号、一八三号、エカチェリンブルク）[☆14]が、二回にわたって掲載されている。オロヴャンナヤ駅で遭遇した日本軍兵士たちを生んだ歴史的背景と、彼らの内面を分析する試みである。要旨をまとめると、こうなるだろうか。

日清戦争と日露戦争での「日本の軍事的成功と、日本人兵士の数知れない英雄的精神の発露は、この若い軍隊に対する全世界の注目をいっきに引き付けた。驚嘆したヨーロッパの眼前に、次のような問いが出された。――ほぼ数年のうちに、中世の武器を持ったアジア人の群から、近代的で強健な軍隊を創り出した驚くべき再生の根はどこにあり、その鍵をどこに探すべきか」

まず指摘されるのは、日本人の「質実剛健」な民族性である。

「日本人ほど節度を保って質素な民族はおらず、彼ら以上に勤勉な民族もいない。農民、役人、労働者がみな、平均して一日に十時間から十二時間も働く。食事の量はわずかだ。――少量の干し魚・コメ・魚スープ・茶だけである。それにもかかわらず、日本人は貧相に見えず、見事な体格で、筋肉質で強健だ」

だが日本の力と成功のもっとも強力な推進力は、魂のいとも高貴な感情に、つまり祖先崇拝に由来する愛国主義である。……日本の環境全体、誠実さの上に築かれた社会、武士道と高潔な断念の例を提供する劇場、家族と祖国のために個人を犠牲にするさまを描く歴史書が、効果的に学校を助けて、国土自体が、高揚させる追憶と栄光に満たされている。……こうした環境のなかで、こうした状況下で日本人兵士は成長する。各学校が彼らに軍律の準備課程を提供し、古い忠誠の合唱と新しい戦の旋律を歌うすべを教え、もしも訊ねられたら、「各日本人の皇帝陛下に対する義務は、わが国が強く豊かになり、血の最後の一滴まで、その独立を守るべく努めることです」と答えるように、教えている。

ここで指摘しておく必要があるが、筆者コヴァーシの筆致のなかに、「批判的なニュアンス」や「皮肉な眼差し」は感じられない。筆者は心底驚嘆して、これらの文章を綴っている。この評論の末尾には、日露戦争の折の旅順港閉塞作戦にまつわる「軍国美談」が詳細に紹介されている。

全時代の軍事記録のなかでも、その素朴さと偉大さにおいて、兵士と水兵たちの別れの儀式よりも美しいものを見出すことは難しい。彼らはポルト・アルトゥル〔旅順〕で、汽船でロシア艦隊を閉塞するように命じられて、湾の出口で自沈したのだ。八代〔六郎〕大佐は真水で満たされた銀杯を取って、志願者たちにこう語りかける。

「諸君にはポルト・アルトゥルからの出口を封じる任務が与えられたが、この任務は諸君にほぼ生還する希望を与えず、私は自分自身の子供たちを諦めるのと同じ気分である。しかしかりに私に百人の子供がいたとしても、私は全員を、かくも栄光に満ちて大胆な企てに参加すべく派遣するだろうし、もし息子が一人しかいなくても、やはり派遣するだろう。任務遂行中に右手を失ったら、左手を使え。両手とも失ったら、足を使え。両足とも失ったら、頭を使って、司令官の命令を忠実に遂行せよ。私は諸君を死地に送り出すが、諸君に死ぬ覚悟ができていない、などとは露ほども疑わない。だがそれでも諸君に、みずからの生命を軽んじて、重大な理由なく、ただ自分の名前の栄光のためにのみ、生命を危険にさらす権利がある、と言いたくはない。諸君にお願いするのは、みずからの生命にかかわりなく、自分の義務を遂行することだ。我々が一緒に飲み干す真水の杯は、諸君に勇気を与えることを目的としてはいない。諸君はそれを必要としておらず、この杯は「浅間」の乗組員の勇敢さの代表としての、諸君を清めるためのものだ。いま私は、おそらく成功した後で、諸君のうちの何人かと再会できるしあわせな日々を楽しみにしたい。天のためにみずからの生命を犠牲にして、心穏やかにおのが悲劇的任務を遂行せよ」。二月二十二日に五隻の日本船は、ポルト・アルトゥルの出口に全速力で突入し、沈められるか、あるいは自沈した。五月三日に試みが繰り返されて、同じ結果に終わった。

筆者コヴァーシは「軍国主義の熱気」とでも言うべき、一種異様な高ぶりを物語るこのエピソードを、冷静な筆致で伝えている。彼はこの評論を次のように結んでいる。

今次の戦争〔第一次世界大戦〕で日本人兵士はこれまで、中国東海岸のドイツ領植民地を占領した以外に、実力を発揮する機会がなかった。ここでも誠実さとならんで、日本軍の文明化された精神が発揮された。日本軍は（一九一四年十月に）膠州を砲撃する前に、女性と子供と老人が町を離れることに同意した。フランス・ドイツ戦争〔普仏戦争〕では同様の請願を、ストラスブールの占領者フォン・ヴェルデル将軍は、断固たる拒否によって応えたが、なぜならドイツ軍において文明化しているのは、脳髄だけだからだ。

やっと今になって我々〔チェコスロヴァキア軍〕は、世界的闘争に関与して、我々と一緒に中欧のヒュドラ〔中央列強をさす〕を撃つ可能性を、日本軍のために準備した。じきにこの興味深い民族を歓迎して間近に知り、彼らに学ぶ機会があることが楽しみだ。

ちなみに第四章で触れるように、筆者スタニスラフ・コヴァーシは一九一八年暮れに来日して、東京のチェコスロヴァキア外交事務所で、外交代表ヴァーツラフ・ニェメツのもとで働く傍ら、連載エッセイ「日本からの手紙」をはじめとする多数の論説を、『日刊新聞』に寄稿することになるが、本評論を執筆した時期（おそらく一九一八年九月）にはまだシベリアにいた。「日本軍国主義」のほとんど絶賛に近い評価は、現代日本の読者に「大きな戸惑い」を与えずにはおかないだろうが、ここで展開された「日本人兵士の魂」の分析の適否についての論議と、コヴァーシがこれらの情報をどこから入手したかについての解明は、今後の課題としたい。最後に繰り返しておくが、コヴァーシがこの評論の読者として想定していたのは、チェコスロヴァキア軍団兵士たちであり、日本人の目に触れることは考えていない。

Ⅳ　一年半後に

チェコスロヴァキア軍団と日本軍の熱烈な「蜜月」だった一九一八年秋から、ほぼ一年半後の一九二〇年春までに、状況は大きく変化した。第一次世界大戦は一九一八年十一月に終息して、それを機会に成立したチェコスロヴァキア国家は、一九一九年中に基本的な「国家建設」を成功裡に終えて、一九二〇年二月に共和国憲法〔第一次共和国憲法〕を制定して、新生国家の方向性を固めた。シベリア・ロシア領極東に駐留していた軍団は、本国政府と連合国の思惑によって現地に引き留められ、一九一九年一月に対ボリシェヴィキ前線から引き揚げられて、銃後のシベリア鉄道警備にまわる。だが一九一九年秋にはじまったオムスクのコルチャーク政府崩壊によって、軍団も東方への撤収を余儀なくされ、イルクーツク以東の「日本軍の影響圏」に踏み入ることで、セミョーノフ派との敵対関係を媒介として、日本軍との関係も緊張を含んだものになる。

この時期に『日刊新聞』は、日本の大陸進出の歴史的背景を考察し、一九一八年八月の出兵宣言以降の日本の対シベリア政策を跡づけ、一九二〇年三月の赤軍のイルクーツク占拠に伴うシベリアとロシア領極東の政治状況の不安定化と流動化に関連して、日本政府と軍部の対応策を分析する一連の論説記事を掲載した。

これらの論考の要旨をまとめると、次のようになるだろうか。

（一）『日刊新聞』は、「チェコスロヴァキア軍救援、ロシアの領土的一体性の尊重、内政不干渉、任務完了後の即時の撤退」を約束した一九一八年八月二日の日本のシベリア出兵宣言を、前述したように発表当時は「朗報」として歓迎したが、一九二〇年春の段階では、「これらの言葉の後で起こった行為は、もちろん違った様相を呈した」[☆15]というコメントを付して、同宣言の約束が、実際には守られていないと判断している。

（二）『日刊新聞』は、「日本のシベリア遠征のおもな目的は、チェコスロヴァキア軍救援でも、鉄道路線の警備でも、コルチャーク〔今ではセミョーノフ〕援助でもない。目的は〔ロシア領〕極東諸州での日本の利害関係の擁護である」という高柳保太郎将軍〔ウラジオ派遣軍高級参謀・陸軍少将〕の発言を引用して、こうコメントする。「以前もそうだったことは明白だ。君主たちとやらの麗しき眼のために、あるいは古き諸国の政府のスローガンとやらの壮麗な響きのために、費用がかさんでリスクのある軍事遠征を企てることはない。つまり違いは、今では、問題はわが国の利害関係だ、と直截簡明に語られていることだけだ。我々〔日本〕はわが国の利害関係を確保したい。それ以前は日本軍を〔ロシア領〕極東から召喚できない[☆16]」

（三）『日刊新聞』によると、「〔日本が〕なにより望んでいるのは、目下毎年約八十万人が増加する自国の住民の、大きな過剰を入植させるための土地の確保である。日本人をカリフォルニアと太平洋の島々に定住させる試みは、アメリカ人とイギリス政府、あるいはオーストラリア政府の強硬な抵抗に遭遇している。日本帝国の島国としての位置は、人口問題をますます火急なものにして、人口希薄で豊かな東アジア地域は、当然のことながら入植へと招いている。日本のこの純粋に生物学的拡張性は、それ自体としては侵略的意図と帝国主義という非難に当たらない事実かもしれない。もしも日本がそこから、純粋に併合的な帰結〔おそらく一九一〇年の朝鮮併合が念頭に置かれている〕を引き出さず、その代わり入植権を確保するために、隣人たちとの合意による解決策が模索されていれば、の話だが」[☆17]。この発言は、日本の大陸進出政策に対する婉曲な批判とも、留保条件付きの容認とも解釈することができるだろう。

（四）『日刊新聞』によると、日本の大陸進出の目的は、過剰人口の入植先確保、ロシア領極東の各種の天然資源の獲得、自国製品販売のための市場確保にあるが、それ以外に、以下のような戦略的目的があるのではないか。「対米戦争の可能性への危惧から〔はるかに数の多いアメリカ艦隊は、島国である日本を海上封鎖できるだろう〕――朝鮮と、将来併合するために見出された〔東アジア〕沿岸地域の助けを借りて、日本を純粋な島国から、大陸と島からなる国家にするための、新たな拠点を創出することだ。この場合、〔ロシア領〕極東・満州・モンゴル・ザバイカル州での日本の今日の政策は、この新たな大陸の拠点を、背後から確保する試みとしても、説明できるかもしれない」[☆18]。射程の長い「地政学的」解釈であるが、この解釈の当否を論じることは今後の課題としたい[☆19]。

（五）『日刊新聞』は、日本軍を含めた連合軍が、チェコスロヴァキア軍団が期待した規模での援助を行なわず、ボリシェヴィキ政府打倒の機会を逸した、と判断している[☆20]。――「この時期〔一九一八年夏〕……わが軍〔チェコスロヴァキア軍〕の東部集団の部隊は〔ウラジヴォストークから〕西方に赴き、八月三一日にオロヴャンナヤでガイダのイルクーツク集団と結合した〔本章の前半で記述したオロヴャンナヤでの軍団と日本軍の邂逅は、この文脈のなかで起こった〕。これによってシベリア幹線鉄道全線が解放され、連合国は、ヴォルガ戦線でボリシェヴィキ軍が成功裡の反撃に転じつつあった西方に、自国軍を派遣することができるはずだった。だが我々は、この援軍を待ちおおせることができなかった。当時（日本以外の）連合国のすべての関心と兵力は、決戦が行なわれていたフランスの戦場に集中され、そこでドイツはまもなく打ち破られて、講和を乞うた。東方でのロシアの対独戦線創出は、連合国の目から見れば勢力分散だった。……すぐに兵力を提供できたのは日本だけだった。だが日本は自国軍をイルクーツク以西には送らず、一方の手で東方でのボリシェヴィズムの「根絶」を継続しつつ、他方の手で事実上の交通統制権を手に入れて、ロシアの産業と商業施設を買い占めはじめた。原料（たとえばロシアのマスコミの主張によると、マッチ製造工場のための木材）を運び出して、ボリシェヴィキ派との戦闘で獲得したロシアの国有財産を、戦利品として没収し、個々の東方「政府」と冒険家たちの遠心的意向を支援しはじめた[☆21]」

(六)『日刊新聞』は、一九一八年五月末のチェコスロヴァキア軍の「反ボリシェヴィキ武装出動」が想定していたのは、ロシアにおける「民主主義陣営」の政府樹立だったが、それが実現しなかったことを認めて、次のように「自己批判」している。――「ヴォロゴーツキーのオムスク政府は、わが軍の武装出動以後丸四か月も、完全に無為に過ごした。……ロシア人自身がこうした地方分立主義によって、わが軍〔チェコスロヴァキア軍〕の武装出動の成果を無駄にして、反動・アタマン支配・復古主義的傾向・日本の収奪政策のための、土壌を準備してしまったことを認めよう。……〔イルクーツクの東側から〕日本の領域がはじまっていたが、彼らは何人かの野心に満ちて貪欲な大物〔セミョーノフらを暗示〕の恣意に、ひじょうに好意的だった。ここでは左からのボリシェヴィズムが、そのような方法で抑圧されたので、右からのボリシェヴィズムが同じ規模でたえず増大した。東部シベリアではわが軍〔チェコスロヴァキア軍〕の関与のもとで、左からの反動〔ボリシェヴィズムをさす〕は根絶されたが、しかしわが軍の不在中に、今日示された日本の積極的援助のもとで、右からの反動に掌握された。結局のところ日本の計画のなかに、強力な統一された民主主義的ロシアは入っていなかった。東の隣人〔日本〕は、自分たちの目的が達成できるのは、むしろ混乱して細分化された国からであることを知っていたのだ[☆22]」

□注

☆1　本章は、雑誌『ロシア史研究』（一〇四号、二〇二〇年）に掲載された拙論『チェコスロヴァキア日刊新聞』は日本のシベリア出兵をどのように見ていたか」（一六七―一八〇頁）に基づいている。内容については適宜、取捨選択し加筆した。

☆2　**O politické situaci, *ČSD*, 3. dubna, 1918, č. 41, Penza**

☆3　この事件については、原暉之『シベリア出兵　革命と干渉　一九一七―一九二二』の、「陸戦隊上陸の下準備」と「陸戦隊上陸の波紋」（二一四―二二〇頁）を参照。

☆4　**Naši ve Vladivostoku, *ČSD*, 20. května, 1918, č. 79, Omsk**　この記事はこのあと、第一章で引用した「日本人は一般に我々にとても関心を持っている……」に続く。

☆5　本格的なロシア内戦開始のきっかけとなったこの事件については、原暉之、前掲書の、「反乱の全面化」（三四三―三四九頁）、および林忠行『チェコスロヴァキア軍団　ある義勇軍をめぐる世界史』「第4章　反乱　一九一八年―シベリア横断鉄道をめぐって―」（一三六―一七四頁）を参照。

☆6　『日本外交文書』、大正七年第一冊（外務省、一九六八年）、九三七―九三八頁。下線と現代語訳は長與による。

☆7　林忠行『チェコスロヴァキア軍団　ある義勇軍をめぐる世界史』（一六八頁）

☆8　『日刊新聞』紙上で日本政府のシベリア出兵宣言について最初に触れたのは、本章で引用する「東方で」（九月三日付け）と「日本の声明」（九月十二日付け）で、それに「連合国宛ての全ロシア国家評議会の書簡」（九月十七日付け）が続く。「連合国諸政府―ロシア国民に：日本の宣言」（十月一日付け）ではじめて、宣言の文面が紹介されたが、これは大意を伝えるサマリーとでも言うべき内容である。ただし「友好関係」云々に関する原文の末尾の五行については、比較的忠実に翻訳されている。

☆9 Na východě (Z přímé telegrafické rozmluvy s velitelem východní fronty pluk. Gajdou), *ČSD*, 3. září, 1918, č. 167, Jekatěrinburg

☆10 Dopis z východu, *ČSD*, 19. září, 1918, č. 181, Jekatěrinburg

☆11 『大阪毎日新聞』の特派員だった黒田乙吉（一八八八―一九七一年）は、一九一八年九月の同紙に、何篇かの「現地報告」を掲載しているが、まとまったものは「重要なるボルジアの二会見」（上、九月二十一日、下、九月二十二日）と、「満州里から知多まで」（九月二十五日）である。後者に次のような記述がある。――「九月十三日、晴。午前九時、オノンの仮木橋を渡りオロウヤンナヤに入る。十日前に記者〔黒田〕が日本人の先登〔先頭？〕として訪れし時は、威容厳にして四辺を圧したりしチエック軍も、ガイダの東行と共に当駅を去り、今や新に募集したるセミヨノフ部下の可薩克〔コサック〕と日本の一部隊とが駅を守備せるのみ」。残念なことに、九月三日の第一回のオロヴャンナヤ駅訪問について、直接に触れたものは見当たらない。黒田乙吉『ソ連革命をその目で見た一日本人の記録――旧名悩める露西亜――』（世界文庫、昭和四十七年）にも、この出来事の描写は見当たらない。第十章「シベリヤの野に」の記述は一九一八年七月のブリャート訪問から、十一月のイルクーツクからオムスクへの出発に飛んでいる。

☆12 Beseda: Dr. Šteidler: Z mandžurské dráhy, *ČSD*, 20. září, 1918, č. 182, Jekatěrinburg 「チェコスロヴァキア軍団協会」と「軍事慰霊地協会」のホームページに掲載された伝記データによると、フランチシェク・シテイドレルは一八八七年、パツォフ（南チェコ）で生まれ、プラハのチェコ語大学哲学部で学ぶ。オーストリア＝ハンガリー軍に召集直後の一九一四年九月七日にロシア軍の捕虜になった。一九一七年七月に軍団に志願し、一九一八年五月に第七連隊に入隊。軍団の歴史部門の主任として、文書の収集と整理に努める。この文書は後に在ロシア軍団文書の基礎になった。帰国後は『ルーシのチェコスロヴァキア運動』（一九二一年）をはじめ軍団史関係の著作を出版して、抵抗運動記念館の文書部を司った。一九三八年まで中等学校の歴史の教師だった。一九七四年にプラハで死去。VPM | Spolek pro vojenská pietní místa (vets.cz)（二〇二二年三月十七日にアクセス）

同じくインターネット上のデータベース「軍団兵のリスト」にも、シテイドレルの伝記データが見出される。このデータベースは、プラハの軍事中央文書館＝軍事歴史文書館が提供したデータに基づいて、チェコスロヴァキア軍団協会が作成したと表示されている。Detail legionáře (legie100.com)（同日にアクセス）

☆13 Beseda: Dr. Šteidler: Z mandžurské dráhy, II, *ČSD*, 13. října, 1918, č. 202, Jekatěrinburg

☆14 St. Kovář: Duše japonského vojáka. I., II., *ČSD*, 20., 21., září, 1918, č. 182, 183, Jekatěrinburg　スタニスラフ・コヴァーシについては、第四章の注1を参照。

☆15 「日本人と東部シベリア　第四回」（一九二〇年四月二四日、六六三号、ヴォズドヴィジェンスキー待避駅）Japonci a východní Sibíř. IV, *ČSD*, 24. dubna, 1920, č. 663, Rozj. Vozdviženskij　この連載論説記事の筆者はアントニーン・パヴェル。

☆16 「利害関係の衝突」（一九二〇年三月二七日、六四一号、ハイラル）Srážky zájmů, *ČSD*, 27., března, 1920, č. 641, Chajlar

☆17 「日本人と東部シベリア　第二回」（一九二〇年四月九日、六五一号、ハルビン）Japonci a východní Sibíř. II, *ČSD*, 9. dubna, 1920, č. 651, Charbin

☆18 同右。

☆19 さしあたり纐纈厚『田中義一　総力戦国家の先導者』（芙蓉書房出版、二〇〇九年）の「シベリア占領に走る」（一九九―二四〇頁）中の、「大陸国家」についての言及を参照。

☆20 第一章の四四頁で引用した、一九一八年夏の段階での日本軍の積極的出兵を促すマサリクの発言は、この可能性を念頭に置いていたのかもしれない。林忠行『チェコスロヴァキア軍団　ある義勇軍をめぐる世界史』の「連合国の前衛」（一八三―一八五頁）も参照。

☆21 「日本人と東部シベリア　第四回」、前掲。

☆22 同右

第三章　医療面での交流

——東京の軍団傷病兵とウラジヴォストークの日本人看護婦

I　東京での第一陣の傷病兵たち

ウラジヴォストークの街の対岸にあるルスキー島のアメリカ赤十字病院に入院していた、チエコスロヴァキア軍団の傷病兵の一部は、治療のために二陣にわたって、同市から敦賀経由で東京に運ばれた。第一陣二十一人（別説あり）が敦賀港に到着したのは、一九一八年（大正七年）九月十六日のことである。その様子を『大阪毎日新聞』（九月十七日）は、「当時の奮戦振《ぶり》を想わしむ負傷チエツク兵　二十一名敦賀に着す」と題する記事で、こう報じている。

　十六日午前九時敦賀に入港したる露国義勇艦ペンザ号は、二十一名のチエツク負傷者を乗せ来れり。敦賀桟橋に着くや引率者エミール・チロ〔ミロスラウ・ヒリョか？〕少尉《ママ》[☆1]を始め一行、初めて友国の風光に接し、嬉々として見惚れていたり。……彼等は何れも小露〔ウクライナ〕及イルクーツクの戦闘にて奮戦中、負傷後送されたものにて、十九より三十歳迄の血気盛りにして、着京の上は築地聖路加病院に入る筈なりと（敦賀来電）。

第一陣が東京に到着したのは、九月十八日のことである。同日付けの『東京毎日新聞』は、「吾々は天国に来た　今暁チエツク傷病兵廿名が入京　引率官チード〔ヒリョ？〕中尉は大悦で語る」という見出しで、次のように報じている。

両手両足を失くした胴ばかりの人、或は膝関節以下のないもの、眼球を潰した者なぞ、何れも悲惨なる戦争の犠牲者チエック傷病兵廿名は、チード中尉に引率され、今朝午前六時三十分東京駅に着した。収容すべき築地聖路加病院から、出迎いの米国赤十字特志看護婦ドーン夫人及飯田医学士外、事務員約十五名の迎えで、築地明石町一番のナップ氏邸宅の臨時米国赤十字社支部に旅装を解いた。……チード〔ヒリョ?〕中尉は語る。「ウクライナ付近〔の〕戦闘で傷ついた者が大部分です。手足を失ったもの、失明した者で、露国では義手足が求められず、貴国で之等を完全にしたいと思って居ます。〔ロシア領極東のウスリー戦線での〕日本軍の応援に依って、吾々の勇気は実に百倍であります。到着しました一行等は貴国に来た事を、天国に来たように喜んでいます」

同じ『東京毎日新聞』(十月十三日)の記事「腕を折り足を失う」は、来京した傷病兵たちの暮らしぶりを、こう報告している。

……築地米国赤十字社病院の南向きに在る二階病室の三室を通して並べられた寝台に、不具を身●を横たえ、遠く故郷の空に思いを馳せるチエツク傷病兵は、ドーン嬢と島田〔八重子〕看護婦との手厚い看護を受けて居るが、傷病兵の中にはセルビア兵が二人も居る。義手義足を着けた者も居るが、未だ傷口の治らぬ者、義手義足の間に合わないので、松葉杖や懐手をして居る者も見れる。朝は七時の起床で、夜は最《も》う九時に消灯して寝るとのことだ。食物は全然洋食で、煙草は露西亜煙草を一日に一箱位喫《の》んで了う。酒を呑む者はすくない方で、英字新聞をドーン嬢から翻訳して貰って居るが、国の妻子や父母に音信出来ないことを嘆いて居る。兎に角若い丈けに元気も良く、院外でボール投げをしたり、西洋将棋やカルタに日を送って居る。……

『報知新聞』(十月九日)は「チエツクの傷兵を慰問　東京市の計画」という見出しで、こう報じている。

聖路加病院に静養中のチエツク軍の負傷兵二十三名に対し、東京市では慰問品を送る事に決定し、近々手続きを了し〔終えて〕、不日〔近日中に〕東京市長の名に於て親しく聖路加病院にビスケット、チョコレート、煙草等の慰問品を携えて勇士を犒《ねぎら》い、且つ「異境にて何事によらず寂しいことであろう」との慰問の言葉を添える筈である。

『東京毎日新聞』(十月十六日)には、「チエツク慰安」と題した次の記事も見出される。

図1　第一陣の傷病兵たち

築地聖路加病院に入院加療中の露国チエック傷病兵二十余名、昨日（十月十五日?）午後二時から、白木屋呉服店の招待会に臨み、屋上庭園で大村店主以下、支配人等斡旋の下に、種々歓待を受け、尚余興丸一の太神楽《だいかぐら》に興を催し、何れも満足の態で五時過帰院した。

この第一陣の傷病兵たちの姿を写した写真を三枚、お目にかけよう。

【図1】はオルドジフ・ゼメクの回想録『世界の戦火をくぐり抜けて』（プラハ、一九二九年、二九六頁）[☆2]に収録されているもので、写真の下のキャプションには、「東京のアメリカ病院の前のチェコスロヴァキア人」とある。撮影の時期は一九一八年秋と推測されるが、この建物は、聖路加国際病院附属高等看護学校のようだ。[☆3]

【図2】（九四頁）は、ブラチスラヴァのスロヴァキア国民文書館所蔵のフォンド「チェコスロヴァキア軍団に関

図 2　第一陣の傷病兵たちと病院関係者たち

図 3　「ヴァーツラフの祝日、9 月 28 日」

する資料集[4]」に収められたもので、写真の下に付されたキャプションには、「日本の病院でのチェコスロヴァキア義勇兵たち」とある。おそらく下の【図3】とともに、九月二十八日（聖ヴァーツラフの祝日）に聖路加国際病院で開かれたバザールの折に撮影されたものと思われる。

全部で二十七人の人物が写っているが、中央の白衣の看護婦は「米国赤十字特志看護婦」マリオン・ドーン[5]、一人置いた右隣の日本人看護婦は島田八重子、総勢二十一人の兵士たちは第一陣の傷病兵たちである。後列の右から四人めの兵士（島田看護婦の真上）は、同年十月十七日に病没して、青山墓地に埋葬されたカレル・クニトルかもしれない（彼については終章で詳述）。なお前列の人物たちの膝にかけられているのは、当時軍団が使用していた上が白、下が赤の民族旗。ボヘミア王国の旗とされたが、現在のポーランドの国旗と同一のデザインである。上が白、下が赤で、左手から青色の楔が入ったチェコスロヴァキア共和国の国旗（現在のチェコ共和国も同じ旗を使用）が制定されたのは、一九二〇年三月のことである。

【図3】は、チェコ共和国の軍事歴史文書館（プラハ・ルジニェ[6]）の写真コレクションに収録されたもので、キャプションには「ヴァーツラフの祝日、九月二十八日」とある。【図2】と同じときに、別の場所で撮影されたものだろう（写っている人物が若干入れ替わっている）。中段の列の、左から三人目の兵士がクニトルか？　ここでは旗が広げられている。

ところで『チェコスロヴァキア日刊新聞』は、第一陣の傷病兵たちについては断片的な情報しか伝えていない。東京で発行されていた英語新聞『ジャパン・アドヴァタイザー』の一九一八年七月〔正しくは九月〕七日付けの記事を引用するかたちで――「チェコスロヴァキア軍負傷兵の東京到着。二十五人のチェコ人負傷兵を収容するために、準備万端整っているが、東京で待たれている者たちは、まだウラジヴォストークから到着していない。手元の情報によると、彼らは火曜〔九月十七日?〕の夜に敦賀に着いた」(十月二十九日、二一五号、エカチェリンブルク)[☆7]と報じているだけである。

Ⅱ　第二陣の兵士たちの旅

いっぽう第二陣の兵士たちの、ウラジヴォストークから東京までの旅については、『日刊新聞』は詳細なルポルタージュを二編掲載している。二回にわたって掲載されたボフミル・ムラーデクの「ウラジヴォストークから東京へ(わが軍の兄弟たちの日本の病院への旅)」(十二月七日、二四九号/十二月八日、二五〇号、エカチェリンブルク)[☆8]と、オルドジフ・ゼメクの「大洋の波の上で」(一九一九年一月十七日、二八一号、エカチェリンブルク)[☆9]がそれである。ムラーデクについては、一八七九年にプラハで生まれたこと以外、詳細は不明だが、ゼメクは、第二陣の患者の一人として来日し、翌一九一九年四月にチェコスロヴァキアに帰国してから、日本についての何編かの著作を発表したことで知られる人物である。彼の著作からは、本章と次章でしばしば引用することになる。

ここでは二人の記述に依拠しながら、彼らの旅の様子を再現してみよう。第二陣の傷病兵の一行（ムラーデクによれば随員も合わせて四十二人、ゼメクによれば四十人）は、一九一八年（大正七年）十月十二日の午前中に、収容先のルスキー島のアメリカ赤十字病院から、ウラジヴォストークの港まで運ばれ、ロシア運輸会社の汽船「ペンザ」に乗船した。ゼメクの記述によれば、「自動車がやって来て、我々を三度にわたって義勇艦隊の波止場まで運んだ。出発前に兄弟の各グループは、看護婦たちと感動的な別れを告げたが、我々はみな彼女たちを、愛情に満ちた優しい看護のために愛していた」とあるが、この看護婦たちは本章の後半で述べるように、日本人看護婦のことである。

ゼメクの記述によると、乗船後に軍団の主任医師ルドルフ・ラシェ博士が最後の訓令を行なった。「我々を汽船の後部に集めて、旅のもっとも重要な指示を与え、我々が外国で、チェコスロヴァキアの名前が求めるような尊厳を持ってふるまうように、力をこめて訓令した。第一陣の兄弟たちの手紙から見て取れるように、日本の世論が我々に対してひじょうに好意的なので、なおさらである☆10」。軍団兵たちは事前に、日本の世論の動向を念頭に置いて、「チェコスロヴァキア」の名前を貶めることがないように、厳重に釘を刺されていたようである。ゼメクは続ける。

十二時前にわが第五連隊の軍楽隊が姿を現して、予備の桟橋の上で、我々の出港までコンサートを演じる。我々一行は、兄弟の博士ニェメツ中尉☆11も含めて四十二名だが、彼は、日本のマスコミのチェコスロヴァキア軍情報担当官として、我々とともに東京に赴く。……四時過ぎにわが軍の軍楽隊と「ナズダル」☆12の叫び声のもとで、ゆっくりと、嵐のような体験をしたこの国〔ロシア〕の岸辺を離れる。それでも我々はこの国を重んじて、今次の世界大戦〔第一次世界大戦〕での今日の、かくも不幸な立場を気の毒に思う。日は美しく、海はべた凪《なぎ》だ。遠くの方から、わが軍の軍楽隊にあわせて、互いになんども雷のような「ナズダル」の挨拶を叫びかわす。我々の多くの目には涙がある。

この先の旅路については、ムラーデクの記述に耳を傾けよう。

三日目の十月十四日の朝方四時過ぎに、日本の岸辺についての話を耳にしたので、〔ムラーデクは〕甲板に走り出たが、そこにはまだこんな早い時刻に、私と同じような好奇心に駆られた何人かの人影がちらついている。汽船の右手の暗闇のなかを、我々の目的地である詩的な国——日本——の山がちな岸辺の輪郭が走り過ぎていく。岸辺の水際には一定の間隔を置いて、信号灯のようなものが見え、海面に黄色い帯を投げかけている。山塊の端の小高い丘の上には、灯台の大きな白光が瞬いている。五時近くにまだ暗闇のなかを、我々は敦賀港の丸い入り江のなかで投錨する。左手の遠方に、波止場の点滅する様々な色の光。我々はおそらく、大きな入り江の真ん中に停泊している。〔汽船〕「ペンザ」の周囲には漁船と思しきシルエットが、止まっているかようなごく滑らかな水面を滑っていく。暖かい。夜が明けると、絵に描いたような敦賀のパノラマが、狭い日本式家屋といくつかの洋風の建物とともに姿を現す。港の入口の前には水雷艇が停泊し、港の向こうには小型の商船と漁船のマストが林立する。

約半時間後に、医者を乗せた小さな蒸気船が、乗客の健康診断のために、我々の汽船の方に近づいてくる。形式的な（ごく大雑把な）医学検診の後で、錨が上げられ、岸壁に接岸する。海岸通りには活発な動き。大勢の港湾労働者と運送人夫の姿。驚いたことに、彼らのなかには多数の女性も混じっていて、力仕事をこなしている。女性労働者のいくたりかは、なにかの塗料で歯を黒く塗っている〔鉄漿《おはぐろ》のことか？〕。多数の売り子が汽船に押し寄せて来て、甲板に商品を並べた。ビール、レモネード、美しくて比較的安い果物などを購入できる。我々は汽船のサロンに呼ばれて、港湾の官吏たちの前で、徹底的な申告を行なわなければならない。どこから来て、チェコスロヴァキア軍戦線のどこにいたか、我々と両親の名前、両親が存命かどうか、故郷の住所、年齢、どこで生まれたか、ロシアと日本の通貨をどれだけ持っているか、など。正午前にこの作業を終えて、とうとう下船する。港の役所のようなところで、役人が我々の荷物を検査して、その後で緑色のチョークで印をつけ、ロシア製のタバコとシガレットの包み全部にハンコを押す。

一行は敦賀に上陸した際に、日本の新聞記者たちのインタビューを受けた。『東京日日新聞』（十月十五日）に、「チエツクの傷病兵　毒瓦斯《ガス》中毒を治療の為来朝」と題された記事が掲載されている。

〔十月〕十四日入港のペンザ号で、赤白のモールを縦に組んだ帽章を着けたチエックの傷病者が着いた。一行を率いるメメツ〔ニェメツ〕陸軍中尉は語る。――「一行は四十名です。先ず貴紙を通じて日本国民に敬意を表します。一行の病気は敵の毒瓦斯中毒です。私等は主にウクライナの戦線で奮闘し、鉄砲や機関銃は恐れないが、毒瓦斯にはさんざん悩まされた。過激派が独逸〔ドイツ〕に使われて、我々に毒瓦斯を浴びせたは、実に憎むべきことで、大抵脳を悪くし故国〔露国？〕で思うように療治も出来ないので、東京の聖路加病院に行くのです。我祖国も日本のお陰で崩壊を免れた。何れの日にか御恩返しをしたいと思って居る」云々……「十四日、敦賀電話」

このインタビューではニェメツが、毒ガスによる被害を強調したことになっているが、軍団側の資料には、それを裏付けるような記述は見当たらない。次の記事にもあるように、来日した兵士たちの大半は、戦場で受けた外傷（手、足、目などの喪失）による負傷兵である。

同日の『報知新聞』（十月十五日）も「チエック傷兵来る　片言の日本語を操り乍《なが》ら」というタイトルで、やはり彼らが敦賀に到着した折の模様を伝えているが、こちらの記事の描写は比較的正確であるような印象を受ける。

十四日朝入港のペンザ号にて烏蘇里〔ウスリー〕戦の負傷チエック兵四十名は、陸軍中尉メエニツ〔ニェメツ〕、軍医ドルキーの両氏監督の下に来朝せるが、是等は築地聖路加病院に入院の筈にて、午後一時三十七分敦賀発列車にて、午後十時四十五分東京駅着東上せり〔?〕。彼らの多くは貫通銃創を負えるもの、跛なるものあれど、多くは既に快癒期に入れる事とて、元気よく浦塩〔ウラジヴォストーク〕にて覚えたる片言の日本語を操り、愛嬌を振りまくものあり、或は古表紙の日露独習会話を繰り展げつつ、日本語をしきりに稽古しつつあり。一人は語る。「自分等は浦塩の米国赤十字社病院で手当を受けて居たが、日本に来て東京見物が出来るのは何より嬉しい事であるか」と語り居たり（敦賀）。

いっぽうゼメクも回想録『世界の戦火をくぐり抜けて』のなかで、新聞記者たちにインタヴューを受けた様子を、次のように描写している。

港には活発な動きが支配していた。男女の労働者がアリのようにひしめいていた。ヨーロッパの同僚よりもさらに活発な新聞記者たちは、朝早くから船に姿を現して、英語、ロシア語、フランス語とドイツ語で、我々の旅の目的を、シベリア情勢を、チェコスロヴァキア運動の意味と目標を、入念に訊ねた。[☆13]

もしかしたら「片言の日本語を操り、愛嬌を振りま」いたり、「古表紙の日露独習会話を繰り展げつつ、日本語をしきりに稽古し」ていたのは、ゼメクだったのかもしれない。

一行は入国審査と荷物検査、そして日本人記者たちのインタヴューを受けたあと、「洋式に整えられた波止場のホテル」で洋食風の昼食を取り、「ホテルの近くの、鉄道駅から波止場に通じる〔引き込み線の〕線路で、エレガントな二等車両」に乗り込んで、約四キロ離れた鉄道駅に移動する。列車は午後一時半頃に敦賀駅を出発した。その後の旅の様子については、またしばらくムラーデクの記述に耳を傾けることにしよう。

午後二時頃だ。我々は急行列車の速度で、静かに衝撃音もなく旅をしていて、なぜなら当地では車両は特別な方法で、相互に固く連結されているので、スプリング製の緩衝装置は互いに離れることがないからだ。いまや驚きに満ちた瞬間が訪れた。車窓のいずれの側を先に眺めるべきか、本当にわからない。いま両側に見えるのは、ミニチュア版の、大部分は米の田圃がある天国で、田圃はごく狭い空地に作られて、厳密な列に仕切られている。田圃のあいだに狭い畔があり、一列だけ残されている。風変わりで清潔で、薄い壁を張り合わせた日本の家々が見える。青い実をつけたレモン〔ミカン?〕の木、リンゴの木、ナシの木、バナナ、棕櫚、糸杉と、わが国にも見られる種類の木々が傍らを過ぎていく。村々と町々はほぼ相互に繋がっている。緑のなかの小さな墓地には、石に刻まれて彩色された奇妙なかたちの墓碑。これらすべてが我々の眼前で、魔法の覗きからくりのように入れ替わる。我々の車両では、尋常でない独自性と、かなり山がちなこの国の美しいパノラマへの、たえざる驚嘆と注意を喚起する声が挙がる。この地で人間の手によってなされた一切が、愛らしい大きな玩具のように見える。我々は有頂天だ。敢えて言えば、我らの親愛な故郷チェコの天国に次いで、人生ではじめて二番目の天国である日本にたどり着いたのだ。今では十五分か三十分ごとにつねに数分間、最大限の厳格さをもって、単線のこぎれいで清潔な駅に停車する。ところどころでイギリス式庭園のような、滑らかで白くて、節約のために狭い道路のある個所も目にするが、それはなにかの庭のアスファルトの小道のようだ。道中で我々は、尊敬の念のこもった注目と好奇心を享受する。ところどころで「ナズダル、チェク」という叫び声も聞こえる。もう我々を知っているのだ。

列車は「午後三時半に米原駅で少し長く停車して、我々の車両は東京に向かう急行列車に連結される」。「ある鉄道駅〔ゼメクの記述によると不破駅、現在の垂井駅?〕ではその地の市の代表団がやって来て、共感の印に兄弟のニェメツ中尉に名刺を手渡した。他の駅では、年輩の男性が我々にお辞儀をして、彼の音頭でまわりに集まった若者たちが、「バンザイ、チェク」と叫んだ。晩七時十五分に約十分間、オガチ〔大垣?〕の町の大きな駅に停車する」。「八時に、おとぎ話のような電気とランプで照らされた町、名古屋に停車する」。「夜中の十二時過ぎに、スキノ〔静岡?〕の町の巨大な駅のざわめきで目を覚ましたが、そこでしばらく停車した」。「列車は以前は各駅に停車したが、いまでは一部の駅を、停車する気配もなく通過していく。何本かのトンネルを過ぎて、巨大な鉄橋伝いに三本の広い川も渡った。そのあいだに夜が明けた」

朝六時四十五分に横浜の巨大な駅に停車する。しばし巨大なプラットホームのひとつに降りてみたが、そこのアスファルト舗装された地面には、日本人の木製の高いまないた状の履物〔下駄〕のカラコロ、ギシギシいう音が、耳を弄するざわめきとなって響いている。私〔ムラーデク〕は、優雅に着込んだ守衛〔改札係〕が傍らに立っているある改札口のそばに立ち止まって、目の前の広い真っ直ぐな通りを眺めたが、早朝の時間帯にもかかわらず、そこにはもう活発な生活が流れている。市電がつながって緊密に行きかい、自動車、人力車夫、すべてがたいへんな速さだ。これはヨーロッパ的概念での大都市の動きだ。多彩な広告の垂れ幕、家々の無数の電球と、そこここに架かる大きな提灯、キモノ姿の歩行者だけが、私がいるのは日本であって、アメリカのどこかの町ではないと気づかせてくれる。

目撃した風景の印象のもと、愉快な気分でふたたび車両に座る。先に進む……。我々の急行列車の右手には、横浜と東京を結ぶ電車鉄道の車両が疾走する。電車はひじょうな速度で進むので、全力疾走する我々の急行列車を、じきにはるか遠くに引き離す。数分後に川崎の駅の、電気センター「トーキョー・エレクトリック・カンパニー」のそばに停車する。センター自身がひとつの小さな町のように見える。七時頃に品川に、さらに新橋に停車し、朝の七時四十五分（十月十五日）に、とうとう東京メイン・ステーションに到着する。横浜から東京まではたえず、相互に結び付けられた上述の三都市の通りのあいだを進んだ。線路の周囲には大規模な産業工場、広い通り、美しい庭園が見え、そのあいだをひじょうな速度で、あちこちに蒸気機関車と電車が疾走する。ここには産業が集中している。

〈東京駅で〉車両から下車する。我々のトランクは鉄道従業員が手押し車に積んでくれて、我々はロビーに向かう。十五分後に我々のために自動車が到着し、市街地を通ってアメリカ病院〈聖路加国際病院〉に向かうが、そこにはすでに以前に到着した第一陣の兄弟たちが入院中だ。我々は道中で、美しくて見事な街並みに感嘆する。建築学的に美しい百貨店と公共の建物が立ち並ぶ幅広い街路が、表通りから四方に数知れず通じている狭い純日本風の横丁と、絵のように美しく交差している。当地の動きは目が回るほど大都会的なので、ここではプラハ市民も田舎者のように感じるだろう〈前述したように、筆者ムラーデクはプラハ出身である〉。市街電車が街の四方八方にひじょうに密に運行して、多くの場所では、番号で記されたさまざまな路線の四、五両の車両が、連なって走っている。それらのあいだを自動車、乗客を乗せた馬車をひく馬たち、自転車乗りとオートバイ乗りが縫って行く。馬に曳かせたわが国式の馬車は、ここではごくまれにしか見かけない。自転車乗りが目立って多い。街の規模を考えると実用的な乗り物だ。ここには石畳はない。いたるところ堅くて滑らかな地面で、一部の表通りにだけ、大きな四角形の敷石を敷き詰めた歩道がある。当地の空気は、多くの公園と個人庭園のおかげでかなり澄んでいる。あらゆる類の商店はひじょうに数が多いので、当地のすべての商店主がどうやって生計を立てているのか、訝りの念をかきたてる。とくに狭い横丁では、店が軒を並べて、日本式で、四方が開け放たれ、戸口がなく、商品は通りにまで積まれているが、しかしすべてが模範的に清潔だ。ようするに現実の日本は、そのおとぎ話風の美しさと魅力で、かつて故郷で見た、多彩な色合いの図像をはるかに凌いでいる。

最後にムラーデクは「ウラジヴォストークから東京までの全行程は五十三時間かかり、ウラジヴォストークから敦賀までの船旅が三十六時間、敦賀から東京までが十七時間だった」と書き添えている。

Ⅲ　聖路加国際病院での暮らしぶり

一行の東京到着の模様については『東京毎日新聞』(十月十六日)が、「傷病者と思ぬ程、呑気な顔で、チエツク兵が四十名、今朝築地病院へ」という見出しのもとで報じている。

チエツク傷病兵二十二名を既に収容して居る築地の聖路加病院へ、又々四十名の傷病兵が今朝到着した。午前六時半に東京駅着の筈が、遅れて同七時、一名の薬剤士付添いの上到着したが、前回〔第一陣〕の哀れな姿と異って、何処が悪いのか一寸判らぬ位呑気な顔をして居る連中のみで、四十名の中僅か二人だけが担架に乗せられ、他は悉く病院から出迎えの自動車に分乗し、同八時聖路加病院に収容された。今回は人数が多いので、階下五室を病室に充て、餘り重傷者も居らないので、看護には矢張りドーン嬢他一名の看護婦丈でやるそうだ。兎に角今度の傷病兵は殆ど兵士許りで、付添いの薬剤士は買物にでも来たらしく、直ぐ帰るとのことだ。

『報知新聞』（十月十六日）の「新に戦友四十名を迎えて、チエック傷兵の歓び、褞袍《どてら》姿が記者に挙手の愛嬌」は、第一陣と第二陣の傷病兵たちが合流した様子を、詳しく報じている。

築地の聖路加病院では十五日朝七時三十分、第二回のチエツク傷病兵四十名を迎えた。内に二十二名は負傷兵、十八名は内臓病患者で、二等薬剤官トルコベイ〔?〕氏が一隊の指揮官である。前回の二十二名を加えて六十余名の戦友が、予て憧憬せし東京に落ち合ったので、新旧両患者一時は病を忘れて、握手、接吻、抱擁宛然《えんぜん》雀の百囀《ももさえず》りのような喜び方であった。病院では在来の明石町一番地の他に、十八番地なる国際病院所属建物をも開放し、俄に寝台を拵えるやら、患者服を取出すやら、看護婦は又患者を引廻して、便所、湯殿を案内したり、顔を洗ってやったり、其処へ篤志の外国婦人が新刊雑誌などを持って、続々慰問に来る。旧患者の肝煎役は廊下へ食卓を持出し、何処からかサンドウヰツチと菓子を仕入れて来て、故参らしく新患者の歓迎会を開くやら、蓄音機を鳴らして聞かせるやら大騒ぎ。本社記者の慰問と聞いて総立ちになり、縕袍姿で挙手の礼をする。島田〔八重子〕看護婦の紹介で一歩前進せる一チエツク兵〔もしかしたらゼメクか?〕は、日露辞典を翻しつつ、自分は未だ日本語が話せないと言うことを、単語と手真似とで呑込ませる。事務員及び看護婦等の話に、「今朝担架で来た人が二人あったのは、脚部の負傷でしょう。其外は皆元気に見受けます。之れで病室が狭くなりました。午後二時から五時までが患者の面会時間で、六時夜食、夫れから九時の就寝時間までは自由行動ですが、無聊ですからトランプ、将棋、蓄音機、ヴアヰオリンや唱歌、談話に耽り、昼は運動場の芝生に出て、フツトボールなんかしてゐます。歯磨粉、楊枝、石鹸、タオルまですべて支給されるんで、各名は餘り買物の必要がありません。昨日〔十月十五日?〕は一同白木屋の招待に行って来ました☆14」

聖路加国際病院での傷病兵たちの暮らしぶりについては、『日刊新聞』のスタニスラフ・コヴァーシの連載エッセイ「日本からの手紙」第一便〔一九一九年三月十六日、三三〇号、オムスク☆15〕にも、次のような記述が見出される〔「東京で、一九一八年十二月十五日」の日付が打たれている〕。

〔東京到着の〕翌日〔一九一八年十二月?日〕、私〔コヴァーシ〕は入院中の我々の若者たちのもとに赴く。彼らはアメリカ赤十字の負担で、二つの別棟に住んでいて、配慮の行き届いたミス・ドーンの入念な管理と、日本人の「お母さん看護婦」（島田八重子）とチェコ人看護婦たちの介護のもとにある。どっしりと腰を据えた彼らは、穏やかに満足げに暮らしている。折から大きな行事――アメリカ婦人委員会が催すチェコスロヴァキア・バザール――の準備中だった。小箱を貼りあわせ、額縁を削って作り、指輪や財布や絵画を仕上げ、合唱団が練習し、出演の準備中だ。ここには傷痍軍人と病気の兄弟が総勢で約六十人いる。英語と日本語を学んで、全員が例外なく「強烈な」親日派だ。

この「チェコスロヴァキア・バザール[☆16]」については、『日刊新聞』に掲載された「日本における同胞」（一九一八年十二月十九日、二五九号、エカチェリンブルク[☆17]）という記事でも、短く報じられている。

今月（十二月）十四日土曜にアメリカ赤十字病院（聖路加国際病院）の医務室で、L・グリーン夫人とR・S・モアズ夫人（『ジャパン・タイムズ・アンド・メイル』によればモリス）の庇護下で、チェコスロヴァキア軍兵士たちのためのコンサートと慈善バザールが準備されている。プログラムは、チェコの作曲家たちの音楽作品の抜粋と、民族衣装をまとったチェコの民族舞踊だ。

図4　東京でのチェコスロヴァキア・バザール

【図4】[☆18]はゼメクの回想録『世界の戦火をくぐり抜けて』から取った。下のキャプションには「東京でのチェコスロヴァキア・バザール（中央はモライティニー夫人とフライシャー嬢）」とある。中央に置かれたテーブルの上には、傷病兵たちが作ったさまざまな小間物が並べられ、右手にはチェス盤が、左手には大きな軍団兵の肖像画が見える。チェコスロヴァキアの民族旗と日本の国旗も掲げられている。中央の女性はフランス女性モライティニー夫人（右）と、マリオン・フライシャー嬢（左）だろう。

傷病兵たちのクリスマス・イヴと新年の様子は、同じコヴァーシの「東京で　一九一九年一月三日」の日付の打たれた「日本にて」第二便（一九一九年二月二十日、三一〇号、エカチェリンブルク）[☆19]に記述がある。

東京でのチェコのクリスマス・イブと新年は、同じく陽気に騒がしく祝われた。私〔コヴァーシ〕は、わが軍の傷痍軍人と病気の兄弟のどこに、これほどの活発なエネルギーが潜んでいるのか、訝しくさえ思った。歌、冗談、祝賀の晩餐と、友人たちからの、とくに優しいフランス女性マダムM〔モライティニー〕からの豊富な贈り物。彼女は夫とともに鷹揚に、若者たちにプレゼントと新年のキスを贈ってくれたが、それは慰めのバルサム油として、みなの魅せられた心に作用した。いちばん幸せだったのは「お母さん看護婦」のシマダ〔島田八重子〕で、彼女は感謝する患者たちから、チェコスロヴァキアのモノグラム〔ČS〕入りの金時計、チェコスロヴァキア義勇兵が作った人形、その他の小間物をプレゼントされた。この大日本の娘はどれほど喜んだことだろう。夜が更けて、我々のこれまでの新年を、故郷を、戦場にいる兄弟たちを回想して、最後にはみなが憂いに沈んだ……。

Ⅳ　ウラジヴォストークでの医療援助——日本人看護婦賛歌

医療関係における軍団と日本のもうひとつの接点は、ウラジヴォストークでの医療援助である。アメリカ赤十字は「シベリア出兵」事業の一環[☆20]として、一九一八年八月から同年十二月まで、東京の聖路加国際病院の医師と看護婦ら三十五名のスタッフを、ウラジヴォストークに派遣して、ルスキー島のアメリカ赤十字病院で医療援助を行なった。それにはチェコスロヴァキア軍団の傷病兵の看護も含まれている。

【図5】は、聖路加国際病院スタッフのウラジヴォストーク出発前の集合記念写真。一九一八年（大正七年）八月撮影。手に帽子を持った中央の白服の男性は、駐日アメリカ大使ローランド・モリス、向かって右隣の白服の女性は大使夫人。

【図6】はウラジヴォストークに派遣された看護婦の集合写真。前列に座っている三人は左から――宇高はる、荒木イヨ（婦長）、山根光。後列で立っている九人は左から――近藤かめ、服部みさを、鹿島なか、菅野みつ、新井妙、大野琴、田中はる、早坂（早阪）まつの、島田（八重子）。ただし右端の島田八重子については、本章中の記述にしばしば名前が登場する。彼女はウラジヴォストークに派遣されず、東京に留まったのかもしれない。

【図7】（一一四頁）は、ウラジヴォストークのルスキー島のアメリカ赤十字病院での記念写真。聖路加国際病院から派遣された六人の軍医と十四人の看護婦を中央にして、周囲を取り囲むのは、おそらくチェコスロヴァキア軍の傷病兵たちである。前列の兵士たちはアメリカの国旗を掲げ、その前に赤十字旗が置かれている。[☆21]

このエピソードについても、『日刊新聞』に関連記事が見出される。「ルスキー島のアメリカ赤十字病院から」（一九一九年二月十八日、三〇八号、エカチェリンブルク[☆22]）がそれである。

〔一九一八年〕十二月二日に病院当局によって、契約期限終了後に故郷に戻る日本の医療関係

図5　聖路加国際病院スタッフのウラジヴォストーク出発前の集合記念写真（聖路加国際大学　大学史編纂・資料室所蔵）

図6　ウラジヴォストークに派遣された看護婦（聖路加国際大学　大学史編纂・資料室所蔵）

図7　ウラジヴォストークのルスキー島のアメリカ赤十字病院で（スロヴァキア国民文書館所蔵）

者との、送別会が二回にわたって催された。最初の晩のプログラムは、日本の看護婦たちだけで取り仕切った。日本の国歌斉唱の後で、別れの挨拶が述べられ、民族舞踊と歌謡が続いた。披露された日本の歴史的舞踊はひじょうに美しかったが、この晩のハイライトは、看護婦たちがほとんど誤りなく歌った、我々のモラヴィア民謡「ヴルチ・サ・ジーフチャ〔娘よ、まわれ〕」Vrť sa dívča だった。

十二月三日の夕べにはT・G・マサリク第五連隊の軍楽隊、歌唱カルテット、弦楽三重奏と、兄弟の〔フランチシェク〕シミートのバイオリンのソロ演奏があった。その後で、我々の兄弟と日本の看護婦たちのお別れと、相互の写真交換が続き、プレゼントが進呈されたが、その多くが、罪のないキスによって甘みをつけられた。

十二月四日に看護婦たちは、わが軍の兵士たちに伴われて港に向かい、チェコスロヴァキア船「クシジャーク〔十字軍兵士〕」と「オルディナーレツ〔伝令兵〕」に乗船して、日本船「コザウ＝マル〔鳳山丸か?〕」に送り届けられた。言っておかなければならないが、日本の看護婦たちは、わが軍の傷病兵の兄弟たちに真の介護精神を発揮して、広く愛されていた。

興味深いことに、この記事の内容に対応する日本側の記述が、『明るい窓　聖路加広報』に見出される。医師としてウラジヴォストークに派遣された中村徳吉の、後年の回想録の一部である。

患者に接する機会の多い看護婦さん達は、だんだん患者と懇意になり、数人の患者（主にチェコスロヴキヤ人）と看護婦が相携えて、山や海辺を散歩して居るのを度々見かけた。言語は通じないが、意志は或る程度通ずる事が可能であったと見えて、楽しそうであった。併しローマンスに迄発展した例はない。チェコ語は主脈たるスラヴ語の一分派でロシヤ語に非常に近い。従てチェコ人は皆容易にロシヤ語に熟達して居た。看護婦さん達はチェコ人から簡単なロシヤ語を沢山教わって、それをお互の談話中に用いて面白がって居た。☆23

チェコスロヴキヤ人は非常に音楽好きであって、どんな流浪の生活の中でも楽器は捨てなかった。或る日、吾々日本人の為に感謝の意味をこめた音楽会を開いて呉れた。七―八人のヴァイオリンの合奏で、主としてクラシックの曲をやった様であった。ジャズはまだない時代である。ヴァイオリンの独奏〔前述のシミートの演奏のことだろう〕もあった。音楽にうとい私にも此の人はうまいと思って聞いた。

吾々日本人で催したパーティが一回あった。チェコスロワキヤ人や米国人が沢山来た。看護婦さん〔の〕中には色々な芸のできる人が居て、おどりなどやって見せたが、其の中で近藤おかめさんがやった剣舞が、外国人患者に馬鹿にうけた。詩吟は誰であったか思い出せない。[☆24]

オルドジフ・ゼメクは一九二九年に刊行された資料集『抵抗運動の道で』第五部に、「日本の印象」という短文を寄せているが、[☆25]その末尾は「日本人看護婦たちの思い出」に捧げられている。

ゼメクの記述によれば、日本の巡洋艦「朝日」の加藤寛治提督の促しによって、日本赤十字はウラジヴォストークの半島エゲルシェーリトに、チェコスロヴァキア軍のための病院を設置した。

日本の医師たち、とくに外科医は、多くの我々の若者の健康と生命を守り、それゆえわが民族の永続的な感謝に値する。

少し後に東京から、某貴族の夫人に率いられた日本人看護婦の部隊も到着した。彼女たちは軍事的規律を守り、ミツバチのように働き者で、良心的で優しかった。彼女たちの外貌からして愛らしかった。白い看護服をまとい、頭には前に赤十字のついた白い帽子をかぶっていた。仕事では手抜きを知らず、たとえ夜中でも、助けを必要としただれに対しても、喜んで巧に手助けした。私は世界大戦期にさまざまな民族の看護婦を知ったが、しかしためらいなく日本人看護婦を首位の座に置く。私だけではない。日本の病院で治療を受けたすべての軍団兵は、日本人看護婦へのもっとも美しい想い出を持ち帰った……。

ちなみに中村医師は、先ほど引用した回想のなかで、「ローマンスに迄発展した例はない」と断言しているが、ゼメクはそれと矛盾する「証言」を行なっている。

兄弟のカミル・ドチカル☆26はかくも魅了されたので、後に看護婦の一人と結婚さえした。夫婦は男の子に恵まれた。ドチカルは港町の神戸に定住して、そこで商売をはじめた。日本語を学んで、日本の状況に慣れた。だが三年前〔一九二五年〕に死去した。彼の健康は戦争によって損なわれ、日本の気候が合わなかったのだろう。今日でも彼の店のショーウインドーの上には、「ボヘミア商会」という看板がかかっている。

島田八重子は東京のアメリカ病院の看護婦で、我々は彼女の愛らしい性格と優しい配慮のために、「マミンカ〔お母さん〕」と呼んだ。東京の名所、劇場、花祭りを訪れる際に、我々の案内役でもあった。わが軍の医学部学生の兄弟カレル・ドコウピル[27]少尉に、日本語を教えた。彼が茅ヶ崎のロシア婦人サナトリウムに移されたことだけが、この二人の結婚を妨げた。

ゼメク自身も、隣の聖路加国際病院（軍団の重傷者を治療していた）に勤務する看護婦の中島マスコと知り合いになり、日本女性の生活と彼女たちの願望について、多くのことを知ったという。

ゼメクはこの一文を、「何人かの軍団兵は今日まで、日本の医師や看護婦たちと文通を続けていて、贈り物を交換しているが、それは相互理解と色あせない感謝の念の証拠である」という言葉で結んでいる。

□注

☆1　ミロスラウ〔ミロシ〕・ヒリョ〔あるいはヒロ〕（一八七九―没年不詳）。スロヴァキア人、当時外交伝書使（クーリエ）として、ウラジヴォストークと東京のあいだを往復していた。

☆2　*Zemek, Oldřich: Světovým požárem. Paměti*, Praha 1929, s. 296. オルドジフ・ゼメクの伝記データについては、本書第四章の注8を参照。

☆3　中村徳吉『聖路加国際病院創設者ルドルフ・ボリング・トイスラー小伝』（聖路加国際大学大学史編纂・

資料室、改訂版、令和二年）に収録された口絵写真の一枚に、同一の建物を同一のアングルから写したものがあり、それには「一九二〇年　聖路加国際病院附属高等看護婦学校開設（写真は一九二三年頃　京橋区明石町一番）」というコメントが付されている。

☆4　Slovenský národný archív (SNA, Bratislava, Slovenská republika), Zbierka dokumentov o československých légiách 同一の写真が、軍事歴史文書館（プラハ、ルジニェ）にも保管されている。

☆5　「ミス・マリオン・S・ドーンは洗礼と堅信礼を受け、マサチューセッツ州ドーチェスターのオール・セインツ教会で、最初の聖餐式に参加した。ボストンとパリの私立学校で教育を受け、ニューヨーク病院学校で専門のトレーニングを受けた。戦争〔第一次世界大戦〕勃発後にミス・ドーンはフランスに行き、パリとヌイイのアメリカ病院で責任あるポジションに就いた。一年後に国に戻って、ニューヨーク病院の内科病棟の担当になったが、日本に行くためにそのポストを辞職した」*Sprit of Missions*, Vol. 83, N0. 10 (1918), p. 691（聖路加国際大学、大学史編纂・資料室提供）

☆6　Vojenský historický archiv (Praha-Ruzyně, Česká republika)

☆7　Příjezd raněných Čechoslováků do Tokia, *ČSD*, 29. října, 1918, č. 215, Jekatěrinburg.

☆8　Bohumil Mládek: Z Vladivostoku do Tokia (Cesta našich bratří do nemocnice v Japonsku, *ČSD*, 7. prosince, 1918, č. 249; 8. prosince, 1918, č. 250, Jekatěrinburg.

☆9　Zemek, Oldřich: Na vlnách oceánu, *ČSD*, 17. ledna, 1919, č. 281, Jekatěrinburg.　なおオルドジフ・ゼメクの回想録『世界の戦火をくぐり抜けて』にも、この旅についての記述が見出される（二八六―二九二頁）。

☆10　原文にはこの後に、「我々は東京到着後に、こうした共感についての情報の正しさを確認した」という注が付されている。

☆11　ヴァーツラフ・ニェメツの名前は第一章ですでに言及したが、この時期の日本＝チェコスロヴァキア外交関係の重要なキーパーソンなので、略歴を紹介しておく必要があるだろう。次頁の下は、ヴァーツラフ・ニェメツの肖像写真（オルドジフ・ゼメクの回想録『世界の戦火をくぐり抜けて』二八七頁）

「ヴァーツラフ・ニェメツ Václav Němec（一八八二年八月二十日：バビツェ・ナ・モラヴィエ──一九七八年：プラハ）──ブルノのチェコ語ギムナジウムを卒業し、その後ウィーン大学の法学部で学んだ（法学博士、一九〇八年）。一九〇九年から弁護士見習いとして働き、一九一四年夏に、オーストリア＝ハンガリー軍に召集されて、早くに捕虜になり、一九一六年秋以来、ロシアでの抵抗運動に参加しはじめた。一九一七年夏にチェコスロヴァキア国民評議会ルーシ支部の全権代表になり、タガンローク地区でチェコ人軍事捕虜を組織し、後に第五連隊に入隊した。一九一八年七月以来、ウラジヴォストークの連合軍使節団のもとで、同国民評議会支部の代表として活動した。

一九一八年十月に東京に派遣されて、チェコスロヴァキア国民評議会の当地事務所（つまりチェコスロヴァキア共和国の最初の外交使節団の萌芽）の統括を引き受け、一九一八年十一月に陸軍大臣M・R・シチェファーニクは彼を、初代の駐日チェコスロヴァキア駐在武官に任命した。一九一九年二月一日頃シチェファーニクによって、日本での初代チェコスロヴァキア共和国外交代表に任命され、当地で（大臣書記官として）最初のチェコスロヴァキア在外機関を組織した。一九二〇年二月十五日頃に東京から召喚されて、帰国後は組織中の外務省で（すでに専門顧問として）働いた。一九二一年三月以来、ジュネーブの在外機関の二等書記官として配属され、そこで国際連盟駐在チェコスロヴァキア共和国常任代表代理として活動した。一九二二年九月に国際連盟第三VS〔?〕の同国代表団書記官になったが、ジュネーブ駐在チェコスロヴァキア代表組織をめぐるR・フリーデル公使との不和のために、一九二三年三月に外交勤務を辞任して、その後長年プラハの弁護士として活動した」（傍線は長與による）。『チェコスロヴァキア外交　第二部──チェコスロヴァキア外交官伝記事典（一九一八──一九九二年）』（アカデミア、プラハ、二〇一三年）*Diplomacie Československa. Díl II. Biografický slovník československých diplomatů (1918-1992)*, Akademia, Praha 2013. ニェメツを扱った論文に、

以下のものがある。 —— Lochman, Daniel: Václav Němec a návrat československých legionářů ze Sibiře přes Japonsko (1918-1920), *Nový Orient*, č. 3., 9, 2008, ss. 57-59.

☆12 この挨拶言葉については、序章注16を参照。

☆13 オルドジフ・ゼメク『世界の戦火をくぐり抜けて』（二九一頁）

☆14 この記事には「蓄音機に集うチエック傷兵、新戦友を迎えた十五日」というキャプションのついた写真も添えられている。

☆15 Kovář, St.: Dopis z Japonska, *ČSD*, 16. března, 1919, č. 330, Omsk

☆16 このバザールについては、ゼメクの前掲書（三三七―三四〇頁）にも記述がある。

☆17 Naši v Japonsku, *ČSD*, 19. prosince, 1918, č. 259, Jekatěrinburg

☆18 写真の出典は、ゼメクの前掲書、三三九頁。同じ写真が軍事歴史文書館（プラハ・ルジニェ）にも所蔵されているが、キャプションには「一九一九年九月二十八日、日本、東京、慈善バザール」とある。ゼメクのデータの方が正しいと思われる。

☆19 Kovář, St.: V Japonsku, *ČSD*, 20. února, 1919, č. 310, Jekatěrinburg

☆20 この事業については、中村徳吉『ルドルフ・ボリング・トイスラー小伝』の「第六章　シベリア」（二八―三六頁）に記述がある。また『思い出の静かな岸辺を訊ねて　H・S・タッカー回想録』（丸善プラネット、二〇二一年）の「第二十一章　赤十字に加わってシベリアへ」（三〇五―三四四頁）には、この時期のロシア領極東とシベリアの状況についての、ひじょうに詳しい記述が見出される。タッカーは、第二章で述べた軍団と日本軍のオロヴァンナヤでの邂逅の直後に、この地域を通過している（「〔オノン河の〕鉄橋は爆破されていましたが、仮設の橋が川にかけられていました。その橋の上には、岩石を積んだ無蓋貨車が多数あり、我々はその脇をすり抜けなければなりませんでした」、三一五頁、「ここ〔オノン河の地域〕で列車が遅れるのは川を渡ることの困難さに起因しています。鉄橋が爆破され、一度に一両の車両しか渡ることができません」、三一七頁）。タッカーは、セミョーノフやガイダとも個人的に面談している。この本については渡部尚子氏（聖路加看護大学）にご教示いただいた。記して感謝する。

☆21　この写真はハガキ仕立てになっている（未使用）。スロヴァキア国民文書館所蔵のフォンド「チェコスロヴァキア軍団に関する文書集」中に収録。裏面にはペン書きで「ボフミル・ルクリグル、軍団傷痍軍人（？）、ラチシトルフ〔現在のブラチスラヴァのラチャ〕六五〇番地、ルスキー島から、ウラジヴォストーク、一九一八年」と記入されている。この写真を故郷に持ち帰った人物なのだろう。インターネット上の「データベース「軍団兵のリスト」Seznam legionářů で検索すると、「ボフミル・ハーイェク（ルクリグル）」Bohumil Hájek (Rukrigl) という人物がヒットする。――一八九四年、ラチシトルフ生まれ、職業は仕立て屋、一九一六年六月にテルノーポリで捕虜になり、同年七月に軍団に入隊し、第二連隊に所属、一九一九年八月三十一日に動員解除、という情報が見いだされる。Detail legionáře (legie100.com)（二〇二二年三月十七日にアクセス）。

☆22　Z nemocnice Amerického červeného kříže na Ruském ostrově, *ČSD*, 18. února, 1919, č. 308, Jekatěrinburg

☆23　中村徳吉「赤十字救護班ウラジオ派遣記（7）」、『明るい窓　聖路加広報』、Volume 1, NO.25, 1956. 4. 25.　本資料は藪純夫氏（聖路加国際大学大学史編纂・資料室）に提供していただいた。記して感謝する。

☆24　同上「赤十字救護班ウラジオ派遣記（9）」、同上、Volume 1, NO.27, 1956. 5. 25.

☆25　*Zemek, Oldřich: Dojmy z Japonska. Cestami odboje (Jak žily a kudy táhly čs. Legie)*, Díl V. Praha 1929, str. 263-266.　オルドジフ・ゼメクの回想録『世界の戦火をくぐり抜けて』（二八二―二八五頁）の同様の証言も参照。

☆26　ネット上のデータベース「軍団兵のリスト」Seznam legionářů によると、カミル・ドチカル Kamil Dočkal（一八九五―一九二五）は、モラヴィア東部のフシェチーンのヴェルケー・クラロヴィツェ村で生まれた。師範学校を卒業して、職業は教師。ローマ・カトリック教徒、社会民主党員。一九一七年一月にロシア戦線で捕虜になり、同年七月に軍団に志願。第五連隊に所属。このデータには最後に、「日本に留まる。一九二五年五月二十二日に神戸で死去」という注が添えられている。Detail legionáře (legie100.com)（二〇二二年一月二十七日にアクセス）。

☆27　同じデータベースによると、カレル・ドコウピル Karel Dokoupil は一八九一年にオロモウツのトゥチャニ村生まれ。大学の医学部学生。一九一四年十一月にロシア戦線で捕虜になり、一九一七年八月に軍団の第八連隊に編入、一九二〇年に除隊。

第四章　「最初にチェコ語を学んだ日本人」

――山ノ井愛太郎をめぐって

——チェコスロヴァキア軍団と日本人のあいだの、民間レベルでの交流のエピソードとして、本章では「最初にチェコ語を学んだ日本人」とされるある日本人青年に焦点を当てることにしよう。すでに本書の第一章で触れた山ノ井愛太郎のことである。管見によれば、山ノ井についての言及した文献は、チェコスロヴァキア側でも日本側でもごく僅かなので、発表年代順に検討していくことにしたい。まずチェコ語の文献であるが、山ノ井は、東京築地の聖路加国際病院に入院していた軍団の傷病兵たちのあいだでは有名人だったようで、『チェコスロヴァキア日刊新聞』には、彼を取り上げた二編のルポルタージュ記事が掲載されている。

I　スタニスラフ・コヴァーシの証言

まず、第三章で触れたスタニスラフ・コヴァーシの書簡形式のルポルタージュ「日本からの手紙」第三便（一九一九年二月二十七日、三一六号、エカチェリンブルク）[☆1]を読んでみよう。「東京、一九一九年一月三十日」の日付が付されたこの記事は、次のような一文ではじまっている。

だれかがドアをノックして、答えも待たずにドアはすぐさま開けられ、痩せてメガネをかけた年かさの日本人が入ってくる。――「ナズダル、ぼくはアイタロ・ヤマノイ、これはチェコ語で「山の小川・初恋」という意味です。ぼくはチェコ語を勉強していて、貴方たちと一緒にプラハに行きます」。私〔コヴァーシ〕が驚きから我に返る前に、彼は私の鼻先に「チェコ人と日本人の会話」というタイトルのノートを突きつけて、日本人のためのチェコ語教科書を書いていると説明した。こうして私は、有名な親チェコ派の獣医科の日本人学生と知り合いになったのだが、彼は入院中のわが軍の若者たちの常連客で、彼らからチェコ語を学んでいる。私のそばに座って、チェコ語と英語と日本語で、チェコと日本のことについて話した。なんとかうまくいった。日本語にはひとつの便利な言葉があって、それは内容というより無内容によって、我々の「ヴィーテ、ヴィーテ」〔ねえ、いいですか〕と同じで、ゆっくり考えて、ゆっくり話させてくれる。それは「アノネ」という言葉だ……。「山の小川・初恋」氏は今日は興奮している。朝早く、現代日本の最良の女優松井須磨子が自殺したのだ〔松井須磨子の自殺は一九一九年一月五日〕……。

このあとルポルタージュの話題は、松井と島村抱月のロマンスのあらすじ、日本における女優の位置から、新年明けの帝国劇場での観劇報告へと展開していく。このとき帝国劇場で上演されていたのは「寿猿若」、「扇富士蓬莱曽我」、「吉野静」、「難病デレテリヤ」の四本だったが（『東京朝日新聞』（大正七年十二月二十九日掲載の「帝劇一月興行」による）、コヴァーシはとくに「寿猿若」と「扇富士蓬莱曽我」について、詳細なあらすじを紹介し、的確な劇評を添えている。山ノ井が同行して、内容を通訳したのかもしれない。

Ⅱ　ルドルフ・ロブルの証言

『日刊新聞』にはもう一篇、山ノ井を扱ったエッセイが掲載されている。ルドルフ・ロブル[☆3]の筆になる「東京の親チェコ派（日本からのルポルタージュ・シリーズから）」（一九一九年十月三十日、五二〇号、イルクーツク[☆4]）は、全編が山ノ井に捧げられて、描写はさらに具体的だ。

私（ロブル）は東京の目抜き通りの銀座を歩く。人々の群れが歩道を、上手と下手に流れている。――キモノを着たり洋装をまとった日本人たちが、彼らに特有の慌ただしさで先を急ぐ。――日本女性は口紅を塗った口元に、愛らしく慎ましいほほえみを浮かべながら、細かな引きずるような足取りで歩を前に進める……。

反対側から背を屈めた一人の日本人が、自動車や多数の自転車と人力車を避けながら、通りを横切ってまっすぐ私の方をめざしてくる。彼の装いは「和風」と「洋風」の混合だ。履き古した編み上げ靴を履き、多色の二枚のキモノをまとい、ロシアの「チノーヴニキ（役人）」が着ているような黒い擦り切れたマントを、肩に羽織っている。後ろにそらされた軟らかい地の暗色の帽子で、頭を覆っているので、思わずポトスカリー（ウラジヴォストークの地名）の記憶が脳裏に思い浮かぶ……。きっとそのために私は彼に視線を向けたのだ……。

このときこの日本人はもう私に追いついて、帽子をちょっと持ち上げて、彼の口から我々の「ナズダル」（という挨拶が）が飛び出した。同時に愛想よくほほえんで、メガネごしに私を見ると、片手を胸に置いて日本式に深々とお辞儀をした……。

この関心は私にとって好ましかったが、つまるところ、こんな体験は東京ではじめて、という訳ではなかったので（とくに日本の少年たちは、我々の「ナズダル」が気に入っていた）、ほほえんだだけで先に行こうとした。……

その日本人はいわくありげに人差し指を挙げて、まばたきをして、頭を傾げて、探るように私の顔を凝視した。この人相見式の序幕の後に続いたことは、私をしかるべく驚かせた。

「ヤー・ムル・ヴィーム・チェス・キ（わたし・チェコ語・話します[☆5]）」と音節で切って発音し、自分の言葉の効果を期待するかのように、半ば口を開けて、メガネ越しに私を見つめた。

「あなたはチェコ語を話せるのですか」という言葉が私の口から飛び出したが、私の質問はきっと驚きに満ちていたことだろう。

「ア・ノ（はい）」と日本人は音節で区切った。

「どこでそれを習ったのですか」

「ヴ　ネ・モツ・ニ・ツィ（病院で）」（彼はあいかわらず「音節で区切る方法」で続けた）。「ぼくは義勇兵たちを知っています」

「つまりわが軍の若者たちを訪問しているのですか」

「ア・ア・ア・ノ〔はーい〕」と彼は口ごもって、肩からずり落ちたマントを引き上げた……。

「ぼくはチェコ語を勉強しています」となぜか神経質に付け加えて、私の肘を取ると、人々の群れのなかを歩道を横切って、戸口のくぼみの方に引っ張った。そこで格子縞のキモノの深い袖に手を入れて、青色のノートを引き出すと、ラベルの「チェコ人と日本人の会話」というタイトルを「日本語で」読み上げた。続いて、彼の痩せた長い指が表紙をひっくり返して、ページの左半分と右半分を、上から下へ人差し指を動かした。「ヴォット〔ほら〕(この日本人は我々の若者たちから、いくつかのロシアの言葉も仕入れた)[☆6]。――ここ、チェコ語、日本語」。一方のページにはラテン文字が、他方には日本の文字があった。……

私は最初の日本語の授業を受ける……。新しい友人は、紙の上に人差し指を走らせて、声に出して読む。――「ドブレー・イトロ――オハイヨ、ドブリー・ヴェチェル――コンバン・ヴァ、ズ・ボヘム――サヨナラ、ジェクイ――アリガト」

この言葉は理解されて、野次馬の群れが増えている。「アリガト、アリガト」と私は微笑みながら言って、我々のまわりに作られた人垣から、彼を引っ張り出す。

日本人たちは笑っている。私が彼らの母語を、すばやく習得しているのが嬉しいらしい。私の友人は「メガネの下から」上目遣いで、誇らしげに頭をもたげるが、彼の語彙は私を楽しませて、驚嘆させる。

「ぼくは、チェコの詩人ヤロスラフ・ヴルフリツキー知っています☆7……」と彼は唐突に言って、戸口のところで私たちはまた立ち止まる。

「チェコ人と日本人の会話」はキモノの袖のなかに姿を消して、その代わり東京の銀座の朝の太陽の輝きのなかで、「オット世界文庫」のピンク色の小冊子が姿を現す……。「ヤロスラフ・ヴルフリツキーのバラード」と私の新しい知人は熱っぽく語る。後になって知ったことだが、彼はこのバラードを（それを理解して、翻訳できるようになったら）、日本全国に紹介したいと望んでいる。……

「あなたのご職業は」と、私は愛想よく訊ねる。彼が理解できなかったことに気づくと、「なにをしているのですか」と質問のスタイルを変えてみる。

「学生。獣医科の」、親しげだが途切れがちな口調で、彼は話を続けた。不意に立ち止まり、人差し指で私の胸を突くような仕草をして、短く甲高い声で「イヌ」と言った。

今度は私が当惑する番だ。――どんなイヌだろう。それをどうしたいのだろう、と私は心のなかでつぶやく。

ちょうど同じように、私が理解できないことを悟って、より徹底的に「イヌの病気」と説明してくれた。

うーむ、いま私は病院に戻って、心のなかですばやく彼の姿を想像してみる。長い年月の後で、学業を終えて、（もしも）バラードを理解できたら――病気のプードル犬のもとから、ヴルフリツキーの日本語訳の原稿が載っている低い日本のテーブル〈ちゃぶ台〉に向かうか、それともバラード〈の翻訳〉から金持ちの日本人家庭の、病気のフォックステリアのもとに赴く彼の姿を。……

東京の親チェコ派はなかなかうまく説明する。紹介したいという友人のある劇作家について、東京の街区・商店・公園について話してくれる。「項目」だけを言って、仄めかすだけだが、しかし我々は理解しあう。……キモノの袖のなかに、一連の蔵書を持っているらしい。そのなかには「バラード」と「会話」以外に、辞書、日本語のエスペラント練習帳、各種の書類が入っていて、持ち主はこの学問の迷路のなかで、暗闇でも蔵書目録なしで方向付けができるようだ。

彼は限りなく好意に満ちている。君たちと東京の反対側の端まで行って、僧侶に十銭を支払って、寺院に入る手助けをしてくれる。まるで彼らのではなくて、我々の血筋でもあるかのように、同国人と君たちの買い物の値引き交渉をしてくれる。同時にチェコ語、ロシア語、日本語、英語、あるいはエスペラントで楽しませてくれる。——君たちのお好みしだいだ……。母語以外に、これらの言葉すべてを同じように操れる。チェコの諺にあるように、いっぺんに手に取りすぎたのだ。……

彼の住所は知らない……。しかし君たちが東京に到着するまでに、彼はもう有名人になって、街中で知られることになると期待しよう。

おそらくヴルフリツキーのバラードの翻訳も、この点で功績の一端を担うことになるだろう……。

Ⅲ　オルドジフ・ゼメクの証言

『日刊新聞』に掲載された山ノ井愛太郎関係の記事は以上の二編だけだが、すでに第三章で紹介した作家オルドジフ・ゼメク[☆8]は、山ノ井についてさらに詳しい記述を書き残している。まず彼の著作『日出る国で　日本でのわが軍団兵士の生活からの物語』（ブルノ、一九二八年[☆9]）の一節を引用しておこう。

　私の四週間の日本滞在中、獣医大学の卒業生アイタロ・ヤマノイが私の友人になり、ガイド役を買って出てくれた。彼はまだ戦争〔第一次世界大戦〕前にエスペラントの教科書から一連のチェコ語の単語を学び、〔一九一八年夏に〕我々〔チェコスロヴァキア軍団兵士〕が東京に到着すると、じきに我々を探し出して、交流関係を結び、日々チェコ語に磨きをかけた。

翌一九二九年にプラハで出版されたゼメクの大部の回想録『世界の戦火をくぐり抜けて[☆10]』には、個人的交流の様子も含めた詳しい描写が見出される。

この回想録によると二人の出会いは、コヴァーシの場合と同じく、山ノ井の病院訪問からはじまる。〔一九一八年〕十月のある日〔第三章で述べたように、ゼメクの東京到着は十月十五日〕、山ノ井は突然病院に姿を現して、ゼメクに「ナズダル、パネ〔あなた〕、シプラヘン・ジー・ドイチ〔ドイツ語を話しますか〕」と声をかけてきた。「ぼくはアイタロ・ヤマノイ。獣医学の受験資格者で、チェコ語をぜひとも学びたいです」とチェコ語で説明した。「なぜチェコ語を勉強したいのですか」というゼメクの問いに対しては、「貴国の文化を知るため」と答えている。「もうかなり正しくチェコ語で表現できますね」とゼメクは言って、「どこで、どのようにして学んだのですか」と訊ねる（二九八頁）。山ノ井が語るところでは――

一九一七年夏に神経の治療をするために、鎌倉の近くの海岸に出かけたが、滞在先で目にした東京の新聞で、「ボヘミア」と「チェック」の名前を見かけるようになった。学校の歴史の授業で、ヴァーツラフ四世、フス、ジシカ、パラツキーなどの名前をならったことを思い出した。当時は、強力な敵対民族に囲まれた小さな〔チェコ〕民族の解放への努力の成功を、まだ信じていなかった。……我々〔日本〕のマスコミに当時、マサリクとベネシュの名前が現れて、ぼく〔山ノ井〕の好奇心をそそった。ぼくはチェコ民族に関するすべてに、関心を持ちはじめた。丸善の書店で〔C・エドモンド〕モーリスの英語の著作『ボヘミア』を購入して、この本が、チェコの努力と闘いを理解するカギになった（二九九頁）。

どの言葉を知っているのか、というゼメクの問いに対して、山ノ井は「まず英語、より少なくドイツ語とロシア語、そしてフランス語とイタリア語を少し」と答えている。秋になって山ノ井は東京に戻り、（一九一七年？）十月に、エスペラント・クラブの会合に出席した。書記がさまざまな言語のエスペラントの教科書と辞書を見せてくれた。山ノ井はそのなかの、チェコ語の『エスペラントの基礎』とチェイェクのエスペラント語辞書を購入して、「チェコ語の音声の知識もなしに、多くのチェコ語の単語と成句を勉強した」（三〇〇頁）。

どのようにチェコスロヴァキアの傷病兵の到着を知ったのか、という質問に対して、山ノ井は、「東京の新聞から」と答え、「長いあいだ思案してから、おもにドイツ語の知識に基づいて、貴方たちを訪問する決心をした」と説明している（三〇〇頁）。

ゼメクは一九一八年の暮れに、京橋区にある山ノ井の自宅を訪問した顛末も記録している（以下の記述は三〇三―三〇八頁）。隅田川に流れ込む運河沿いを歩いて、小さな木の橋を渡り、横町に入ると、子供たちが群がって、「チェク、チェク・サン」と叫ぶ。山ノ井の家は公衆浴場の向かいの、しっかりした一戸建ての建物で、部屋のなかには二人の女性（山ノ井の祖母と母親）と妹がいた（彼女の名前は「タマ・チャン、宝石ちゃん」とあるので、珠子だろうか？）。父親はどこにいるのかという問いに、「横浜にいて、繊維製品を商っている。土曜ごとに家に帰ってくる」という答えが返ってきた。

ゼメクは、狭い木の階段を上がって、二階の山ノ井の勉強部屋に案内される。小さな部屋の壁には、カール・マルクスの肖像が貼ってあった。訝るゼメクに、山ノ井はこう説明する。「多くの同級生と同じように、ぼくも社会問題について関心を持ちました。蔵書のなかにはマルクスの『資本論』の日本語訳〔松浦要版か?〕があります」。山ノ井は蔵書を披露しながら、「ここがエスペラントのコーナーです」と言い、ゼメクがエスペラントを学んでいないと答えると、山ノ井は驚いてこう述べる。

それは残念だ。わが国にはたくさんのエスペラントのクラブがあります。この国際語は、わが国の学生層のあいだにいちばん支持者がいて、彼らはエスペラントで話をし、文通して、電話しています。ぼくはエスペランチストが出版したものを、たぶん全部持っています。これがアルベスのお話の翻訳です。エスペラントの情報源に基づいて、ぼくはヤロスラフ・ヴルフリツキーとベトジフ・スメタナについての記事を書いて、それを仲間の雑誌〔同人誌?〕に発表しました(三〇六―三〇七頁)。

山ノ井は革で装丁した厚い一束を差し出して、「これは、ぼくが様々な雑誌と論集で発表した物語集です。この物語集に対して我々の君主〔大正天皇?〕はぼくを称賛して、みずからの肖像を贈ってくださいました」と言った。

その後ゼメクは山ノ井と一緒に芝公園を散策し、別の日には銀座の喫茶店、上野公園の造形美術展などを一緒に訪問して、山ノ井はどこでも、有能な通訳ぶりを発揮している。

ゼメクは一九一九年の新年に、山ノ井の家に挨拶に行っている（三四一—三四四頁）。ゼメクが帰国輸送団第二便[☆11]に乗るために、ウラジヴォストークに戻ることが決まり、東京を離れる際には、山ノ井は東京駅に見送りに来た。ゼメクは、「私は長いこと彼から離れることができず、プラットホームでもまだ、我々にはあいかわらず話すべきことがあった」（三四八頁）と書き記している。

前述のコヴァーシとロブルの山ノ井との交流が、それ以上深まったかどうかはわからないが、ゼメクの場合、二人のあいだに個人的な友情の感情があったことはまちがいないようだ。

Ⅳ　カレル・ペルグレル公使の「秘密報告」

次に紹介する資料は、まったく性格が異なる。筆者（長與）はこの文書を、二〇一八年三月にチェコ共和国外務省文書館での資料調査中に、「政治情報、東京、一九一八—一九二〇年」と題する資料群のなかで、たまたま見つけた。[☆12]この文書は、一九二〇年四月に初代の駐日チェコスロヴァキア公使として着任したカレル・ペルグレル[☆13]が、同年七月にプラハの本省宛てに送った報告書である。一枚の紙に、以下のような内容がタイプライターで打たれている（原文の写真は一三九頁【図1】を参照）。

第六八号案件

東京、一九二〇年七月二十日

プラハ

チェコスロヴァキア共和国外務省宛て

山ノ井愛太郎関係一件

東京に、ひじょうに巧みにチェコ語を学んだ、山ノ井愛太郎某という日本人が住んでいるが、彼の件は――わが国の人々〔チェコ人〕のもとでしばしばそうであるように――多くの人をとても有頂天にさせて、彼についての一篇か二篇のルポルタージュさえ掲載されて[14]、最初にチェコ語を学んだ日本人として描かれた。私〔ペルグレル〕は報告するが、山ノ井愛太郎はまったく信頼できない人物で、当地〔東京〕に長く住んだわが国の人間は、だれも彼と関係を持ちたがらなかったし、なにかの関係を持ったかぎりでは、その者に損害を与えた。たとえば当地の病院〔聖路加国際病院〕のドコウピル[15]という中尉が山ノ井愛太郎に、なにかの物品を購入するために十五円を渡したが、物品を受け取ることはなく、十五円も――戻ってこなかった。

私が本件を外務省に報告するのは、〔本年〕秋に山ノ井愛太郎がプラハに行く、ということを知ったからだ。彼がなぜプラハに行き、どこでそのための資金を受け取ったかを調査したとき、私はかなりの確かさをもって、彼が影響力を持った某日本人に支援されて、他方では当地の〔日本の〕外務省から、補助金を得ていることを突き止めた。

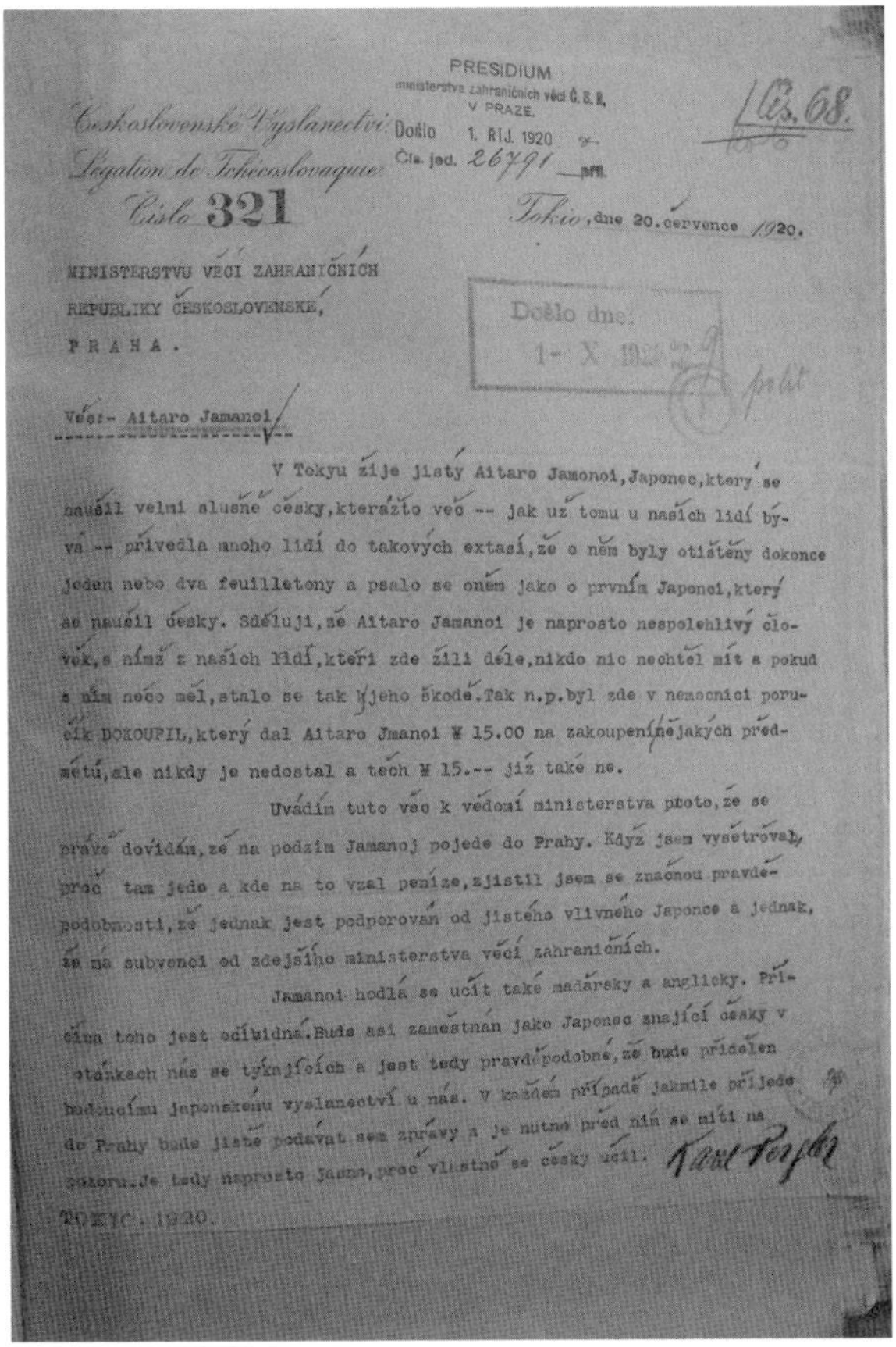

PRESIDIUM
ministerstva zahraničních věcí Č. S. R.
V PRAZE.
Došlo 1. RIJ. 1920
Čís. jed. 26791 příl.

Čs. 68.

Československé Vyslanectví
Légation de Tchécoslovaquie
Číslo 321

Tokio, dne 20. července 1920.

MINISTERSTVU VĚCÍ ZAHRANIČNÍCH
REPUBLIKY ČESKOSLOVENSKÉ,
P R A H A .

Došlo dne:
1- X 1920

Věc:- Aitaro Jamanoi.

V Tokyu žije jistý Aitaro Jamonoi, Japonec, který se naučil velmi slušně česky, kteréžto věc -- jak už tomu u našich lidí bývá -- přivedla mnoho lidí do takových extasí, že o něm byly otištěny dokonce jeden nebo dva feuilletony a psalo se oněm jako o prvním Japonci, který se naučil česky. Sděluji, že Aitaro Jamanoi je naprosto nespolehlivý člověk, s nímž z našich lidí, kteří zde žili déle, nikdo nic nechtěl mít a pokud s ním něco měl, stalo se tak k jeho škodě. Tak n.p. byl zde v nemocnici poručík DOKOUPIL, který dal Aitaro Jmanoi ¥ 15.00 na zakoupení nějakých předmětů, ale nikdy je nedostal a těch ¥ 15.-- již také ne.

Uvádím tuto věc k vědomí ministerstva proto, že se právě dovídám, že na podzim Jamanoj pojede do Prahy. Když jsem vyšetřoval, proč tam jede a kde na to vzal peníze, zjistil jsem se značnou pravděpodobností, že jednak jest podporován od jistého vlivného Japonce a jednak, že má subvenci od zdejšího ministerstva věcí zahraničních.

Jamanoi hodlá se učit také maďarsky a anglicky. Příčina toho jest odůvodněna. Bude asi zaměstnán jako Japonec znající česky v otázkách nás se týkajících a jest tedy pravděpodobné, že bude přidělen budoucímu Japonskému vyslanectví u nás. V každém případě jakmile přijede do Prahy bude jistě podávat sem zprávy a je nutno před ním se míti na pozoru. Je tedy naprosto jasno, proč vlastně se česky učil.

Karel Pergler

TOKIO. 1920.

図１　初代の駐日チェコスロヴァキア公使として着任したカレル・ペルグレルが、1920年７月にプラハの本省宛てに送った報告書。

山ノ井はマジャール（ハンガリー）語と英語を学ぶことも考えている。その理由は明らかだ。彼はおそらく、我々（チェコスロヴァキア）に関係する諸問題で、チェコ語を知っている日本人として雇用され、つまりわが国での将来の日本公使館に配属されることがありうる。いずれにせよ彼はプラハに着いたら、きっとこちらに（日本の外務省に？）情報を提供するので、彼に対して注意しておくことが必要だ。つまり彼がなぜチェコ語を学んだかは、まったく明らかである。

東京　一九二〇年　カレル・ペルグレル（自筆署名）

本章の前半で紹介した三人の軍団兵士の「証言」と、いちじるしくトーンの異なった内容で、当惑させられる。山ノ井は在京のチェコ人たちに、信用できないとして忌避されるような人物だったのだろうか。彼は本当にプラハに行って、日本公使館で働いたことがあったのだろうか（後に触れる『朝日新聞』の記事によると——「チェコには一遍行ってみたいね」とあり、プラハ滞在経験はないようだが）。山ノ井はペルグレルが描き出すような、政治的背景を持った警戒すべき人物（諜報員？）で、「影響力を持った某日本人」とは、だれを念頭に置いているのだろうか（次節から判断すると、参謀本部次長田中義一か？）。そもそも彼がチェコ語を学んだ動機は、政治的なものだったのだろうか。

V　山ノ井愛太郎は本当にマサリクの通訳をしたのか？

さて、ペルグレルのいささか後味の悪い「秘密報告」を読んだあとで、本書の第一章で取り上げた「田中大将マサリイク博士と私（山ノ井愛太郎氏述）」、『田中義一傳記』上巻（七三五―七四九頁）に立ち戻らなければならない。本章では一九四〇年に書かれたというこの文書中の、山ノ井の伝記的記述にかかわる個所に焦点を当てることにする。

この文書の巻頭に「チェッコ語を学んだ動機」という一節があるが、それによると山ノ井は、一九一三年（大正二年）に、当時横浜に住んでいたチェコ人の自動車技師ヤン〔オルドジフ?〕・プロハースカと知り合い、彼からチェコ語の手ほどきを受けたのだという。一九一四年（大正三年）七月はじめにプロハースカが上海に去ったあと、山ノ井は「丸善から手に入れたモーリスやリゥツォフ伯の著作でこつこつと一人で研究し、可成りその方面の知識も豊富となってきた」（七三六頁）。一九一六年（大正五年）暮れ頃、山ノ井は「呼吸器を悪くして相州の片瀬に転地〔療養〕していた」（七三六頁）が、プロハースカが「チェッコ民族独立運動の海外連絡員」として、上海から連絡してきた。だが病床にあった山ノ井は、「此の小さな民族、三世紀間も歴史の底に沈んでいた民族に何が出来ようかと」（七三七頁）、この運動の前途を危ぶんでいた。翌一九一七年（大正六年）二月に健康を取り戻した山ノ井は、帰京して復学したが（どの学校かについては触れられていないが、後述の伝記資料によると東京高等獣医学校）、学業に対して完全に関心を失い、「ニコライ教会附属の正教神学校でロシア語の研究をやり始めた」（七三七頁）。その年の暮れにプロハースカがふたたび来日して、横浜で働き、「水曜の夜毎に銀座のカフェ・シンバシで落ち合いチェッコ語で話し合った。その頃、正式のロシア語の課程も終り、スラヴ語の大体のコツを掴んでいたので、同じスラヴ語のチェッコ語を話すことはもはや私にとっては困難ではなかった」（七三七頁）。

ある晩カフェ・シンバシで、山ノ井は「小久保氏」（参謀本部の役人か？）から、「近いうちにアメリカから一人の老チェッコ人が渡日してくるが、学校の邪魔にならない程度の時間でよいから通訳してくれないか、尤《もっと》もこの人は語学に堪能で数カ国語に通じておられるが、その人の自国語で通訳してあげる事は非常に好意を表わすものだから」（七三七―八頁）と相談された。「その人こそ、マサリイク博士であった」。

こうして山ノ井の述べるところでは、彼は四月五日に横浜でマサリクを出迎え、帝国ホテルに案内して、夕食を共にした。山ノ井はマサリクと、銀座の夜店を見物したが、「口数少く黙々として見物しておられた博士の姿が、つい昨日のように私の眼の底に鮮やかに残っている」（四月六日）（七四〇頁）とか、帝国ホテルから星ヶ岡茶寮までの散歩の途中で、「博士はゆっくりした口調で日本の宗教や家族制度に就て尋ねられたり、亦日本の学生の思想の傾向に就き私（山ノ井）の意見を求められた」（四月七日）（七四〇頁）と書き残している。このあと星ヶ岡茶寮で、田中義一とマサリクの第一回会見があったのだという。四月八日には「私は博士を芝公園と泉岳寺に案内した。ホテルにいる時には、チェスと日本の将棋のこと、また五目並べ〔その頃は聯珠などとは呼ばなかった〕の説明をしたり、また博士から私のチェッコ語の矯正をうけたり、チェッコの文化に就て聞かされたりした」（七四三頁）。「それから四月二十日に博士が帰国せられる時は、〔田中義一は〕小久保氏を代理によこされ、前述の諸外人と私達三人が横浜の埠頭に見送った」（七四六頁）。

山ノ井は、滞日中のマサリクのもとに出入りしていた人物として、ニェメツ、プロハースカ以外に、『ジャパン・アドヴァタイザー』紙社長フレイシェア〔フライシャー〕、その長女ミス・フレイシェア、フレザー、聖路加病院長トイスラー博士、在日チェッコ建築技師レッツル、仏人モレイチヌ〔モライティニー夫人〕の名前を挙げているが、そのうちの何人かの名前は、本書の第三章に登場している。

山ノ井がチェコ語を学びはじめた経緯を、前述のゼメクの記録と比較してみると、大筋では一致しているが、ゼメクの記録では、エスペラントを介した側面が強調されているのに対して、一九四〇年の叙述では、在日チェコ人ヤン〔オルドジフ?〕・プロハースカとの出会いによる、と説明されている。

山ノ井は文書の末尾で、マサリク退去後の自分の活動について、こう付け加えている。

「〔私は〕大正七年〔一九一八年〕の四、五、六、七月の四カ月は余りに多忙であった。私は正式にニェメツ博士の秘書となり……ニェメツ博士は麻布のヤマガタ・ホテルに居を移し、プロハスカは横浜に住み、既に尚お二、三のチェッコ人も来京して、共に軍需品の買い集めやら何やらで、朝から夕方迄になるのも珍しくはなかった。八月になると、日本は正式にシベリア出兵を宣言した。同時にヤマガタ・ホテルには「チェッコスロヴァク国民軍代表者事務所」の看板がかけられた。そして私の名目もその代表者事務所の秘書に変った。その後昭和七年〔一九三二年〕まででこの因縁で、チェッコ公使館嘱託の虚名を擁してきた。〔一九一八年〕十月になると国民軍負傷病兵のうち三十数名が東京に来り、アメリカ赤十字病院の付属病院としての聖路可《ママ》病院に、入院治療せられることになった。そして私の仕事は彼らの通訳としてであった。……築地の病院と茅ヶ崎のサナトリウムに、田中大将が個人として菓子を見舞に届けられたことや、十月末、来期〔朝？〕したステファニク〔シチェファーニク〕、ヤニン〔ジャナン〕の両チェッコ将軍と公式に会見したことを記憶している」（七四七—七四八頁）。

この部分の山ノ井の記述は、年代の点で混乱している印象を受ける。すでに第一章で指摘したように、ヴァーツラフ・ニェメツの来日は一九一八年十月中旬のことなので、同年四月から七月に山ノ井が、彼のもとで「秘書」を務めることはありえないだろう（そうした事実があったとしたら、それは翌一九一九年のことのはずである）。一九一八年八月の日本政府のシベリア出兵宣言の直後に、ヤマガタ・ホテルに「チェッコスロヴァク国民軍代表者事務所」が設置されたという記述にも、疑問符をつけておかなければならない。『日刊新聞』の報道によれば、東京に「チェコスロヴァキア軍事事務所」が開設されたのは、同年十月中頃のことである。[☆16] その後、山ノ井が一九三二年まで、駐日チェコスロヴァキア公使館の「嘱託」を務めたかどうかは、しかるべき文書館資料で確認する必要があるが、一九二〇―二一年に駐日公使を務めたカレル・ペルグレルの、前掲の「秘密報告」の内容から判断すると、少なくとも一九一八年から連続して勤務したようではなさそうである。

とはいえ「国民軍負傷病兵」云々についての記述は、本書の第三章で紹介した傷病兵たちの来日の事実とほぼ重なっている。山ノ井の仕事が「通訳」であったという証言は、本章で紹介した三人の軍団兵士との交流と、スムーズにつながるようにも見える。ようするに山ノ井の記憶のなかで、一九一八年と一九一九年の出来事が、混同しているだけの話なのだろうか。

Ⅵ　山ノ井愛太郎とは何者だったのか？

さて、最後に話は現代に飛ぶ。筆者〔長與〕は数年前に雑誌『ORLOJ』に、『チェコスロヴァキア日刊新聞』の記事に基づいて、軍団と日本の関係を扱った短いエッセイを掲載する機会に恵まれたが、[☆17] そのなかで山ノ井についても触れた。その編集過程で、同誌編集長の林幸子氏から、「「松沢病院の哲人」に文化勲章　チェコスロヴァキアから便り」（『朝日新聞』夕刊、一九五五年二月六日）という、写真入りの長文の記事があることをご教示いただいた（記して感謝する。【図2】を参照）。「都立松沢病院の入院患者山ノ井愛太郎氏（五八）のところへ「チェコスロヴァキアの文化勲章、ゴットワルト・スターリン勲章をあなたに贈るよう政府に申請した」とチェコ著作家組合、アカデミー連名の手紙がこのほど舞い込んだ」という前書きに続いて、山ノ井について詳しく報じている。本章の内容に関連する個所を引用しておこう。

図2　『朝日新聞』1955年2月6日夕刊　キャプションは「チェコからの便りを読む山ノ井愛太郎さん」

> 同氏は英、独、仏語のほかチェコ、ポーランド、ロシア語など九カ国語を自由に読み書きできる人。大正四年（一九一五年）東京高等獣医学校を卒業したが、「獣医なんてつまらん」と神田のニコライ学院でロシア語を学ぶうち、ついチェコ語に深入りした。大正七年（一九一八年）にはシベリアでチェコ国民軍の通訳官をやり、またチェコの元大統領マサリック氏が来日の際も通

訳をつとめ、続いて昭和十四年（一九三九年）まで同国公使館の通訳をやっただけに、チェコ語が一番得意だという。訳書には『チェコ人用日語会話』（大正九年（一九二〇年）プラーグ〔プラハ〕で出版）、『ポーランドおよびポーランド人』、今岡十一郎と共著の『ハンガリー語四週間』などがあり、大正九年（一九二〇年）にはプラーグの大学から名誉哲学博士号を贈られた。

本人の談話に基づいた内容のようだが、事実関係について、いくつかの「疑義」を呈しておかなければならない。「シベリアでチェコ国民軍の通訳官をやり」は、明らかに事実誤認で、「チェコの元大統領マサリック氏が来日の際も通訳をつとめ」は、本書の第一章と本章で検討したように、そのまま事実として受け取る訳にはいかないだろう。「昭和十四年（一九三九年）まで同国公使館の通訳」云々は（一九四〇年の叙述では、昭和七年（一九三二年）となっていたが？）、前述したようにしかるべき文書によって確認する必要がある。訳書として挙げられている『チェコ人用日語会話』は、コヴァーシとロブルのエッセイのなかで触れられている「チェコ人と日本人の会話」というラベルのついた「青色のノート」のことを指しているかもしれないが、一九二〇年にプラハで刊行された事実があったかどうか。

同じ記事は続けて、「ところが同氏は（一九三九年に？）同公使館をやめる少し前ごろから、ちょっと具合が悪くなり各病院を転々、出たり入ったり、五年ほど前（一九五〇年？）からやっと松沢病院に落着いた。精神病者といっても一見、常人と変らないが、普通の社会生活をするにはやや無理があるそうで……」と書き添えている。

さらに『ORLOJ』誌編集長の林幸子氏から、『日本エスペラント運動人名事典』（ひつじ書房、二〇一三年）に、山ノ井の項目が掲載されていることも教えていただいた。項目の内容は次のようなものだ。

> 山ノ井愛太郎（やまのい　あいたろう）一八九七？——一九五五、九、二十九、東京高等獣医（一九一五）／英、仏、独、伊、露、西、チェコ、ポーランド語に通じたという博言家。第一次大戦後、シベリアから送還のチェコ人捕虜を世話する。……「エスペラントを機関銃のように早口でしゃべる」少年として登場し、一九一六年JEA〔日本エスペラント学会？〕入会（会員番号一一一六）。JEAの講演会などで活躍。のちにJEI〔日本エスペラント協会？〕にも参加。馬場清彦にエスペラントを特訓。戦後も病院内に研究会を作り、指導に当たった。栗栖継のチェコ語学習に刺激を与える。大江健三郎『同時代ゲーム』（新潮社、一九七九年）「第五の手紙」中の人物のモデル。

私見であるが、本章で検討した資料から判断するかぎりでは、山ノ井はおそらく才能に恵まれた「語学マニア」だったような印象を受ける（恵まれすぎて「常軌を逸した」のかもしれない）。軍団兵士たちの証言から読み取れるように、彼のチェコ語は、発音上でいくらかの難点があったとしても、高い「コミュニケーション力」を持っていたと推測できる。ペルグレルの「秘密報告」に見られる「要注意の諜報員」のイメージ、あるいは山ノ井自身の証言による田中義一やマサリクとの繋がりなどについては、今後の調査に委ねる他はないが、もしかしたら彼には、(陽性の)「誇大妄想狂」の傾向があっただけの話なのかもしれない。

【補論】謎を深めるゼメクのエッセイ

本章を脱稿後に、新たな資料が見つかった。『軍団年鑑』(プラハ、一九二三年)に掲載されたオルドジフ・ゼメクのエッセイ「東京のシチェファーニク」である。☆18 このエッセイは、一九一八年十一月五日午後の、ミラン・ラスチスラウ・シチェファーニクとモーリス・ジャナン両将軍の聖路加病院訪問の様子を描写したものだが、その末尾(一八九―一九〇頁)に次のような記述があった。

隊列の末尾のドアのすぐそばに、慎ましくイケダが立っていた。シチェファーニクはかたわらに立っている兄弟たちの方を、訝しげに見つめた。

「彼は我々の良き友人です……我々の熱烈な興行主です……わが民族の友です……日本の獣医

です……」

「私はアイタロ・イケダです」とこの日本人は自己紹介して、浅黒い肌が許すかぎり顔を赤らめて、「私はチェコ語を教えています！[☆19]」と付け加えた。

とっさの困惑のなかで、「se」という単語を付け忘れたのだが、そのことはその場に居合わせたみなの陽気さをかきたてた。将軍は微笑んで、彼の右手を握った。

「あなたと知り合えて嬉しい。我々の兵士たちに関心を持ってくれて、ありがとう。成功をお祈りする」

「私はマサリク教授を知っています」と、イケダは誇らしげに言った。

「どこで彼と会ったのですか？」

「横浜のプロハースカ氏のもとで。〔マサリクは〕合衆国への旅の途中で、わが国に立ち寄りました。[☆20] わが国の若い世代は彼をひじょうに尊敬しています。とくに彼らのもとで、あなた方の民族について大きな関心をかき立てたのは、ある日本の新聞に掲載されたマサリクの格言です。――「ドイツ文化は理性の文化、フランス文化は心の文化、チェコスロヴァキア文化は理性と心の文化である[☆21]」

シチェファーニクは頭をもたげて、こう述べた。

「マサリクは我々にとって、地球にとっての太陽である！」

これは天文学者〔シチェファーニク〕が、将軍の口を借りて語りかけたものだ。それは彼が口にできるもっとも深い敬意であり、もっとも大きな愛情だった！
いつもの「ズダル〈万歳〉！」が鳴り響いた。

ゼメクは回想録『世界の戦火をくぐり抜けて』のなかで、入院中の聖路加国際病院への、M・R・シチェファーニクとM・ジャナン両将軍の訪問を描写しているが、このエッセイではその場に、山ノ井愛太郎がいたと書き添えている（この文章では「イケダ・アイタロ」となっているが、まちがいなく山ノ井愛太郎のことである）。この記述は、一九四〇年の山ノ井の叙述中にあった、「十月末、来期〈朝？〉したステファニク、ヤニンの両チェッコ将軍と公式に会見した」という部分を、多少の日付のずれに目をつぶれば、裏付けることになる。しかもその際ゼメクは山ノ井に、「マサリクと会った」と語らせているのである。会った場所が横浜の〈インドジフ？〉プロハースカのもととなっている点が、気になるが、もしかしたら山ノ井がマサリクの通訳をしたというのは、本当の話なのかもしれない。謎はますます深まってしまった。

なお山ノ井が述べたマサリクの格言の出典は、さしあたり不詳である。一九一八年四月に『東京朝日新聞』に三回で連載された「獨逸の東方侵略」には、この表現は見当たらない。

□注

☆1 St. Kovář: Dopis z Japonska, *ČSD*, 27. února, 1919, č. 316, Jekatěrinburg　スタニスラフ・コヴァーシの略歴を紹介しておく。――「一八八九年四月二十二日、ルジナー（ラコヴニーク郡）で生まれ、一九六〇年一月十四日にプラハで没。実業学校卒業（一九〇七年）後、チェコ工科大学（ČVUT）の商業学校教師養成講座で学び（一九一〇年卒業）、その後民間企業で活動した。一九一四―一九一六年にオーストリア＝ハンガリー軍での勤務を強いられ、一九一七年三月からチェコスロヴァキア軍団で、後にチェコスロヴァキア軍で活動した。一九二〇年六月一日頃、外務省国民経済部門に採用され（副領事、一九二一年から領事）、一九二二―一九二四年ロンドンの大使館に、二等領事として配属され、一九二五年三月マルセイユの総領事館に配置された。同年五月から、新たに開設された当時のフランス領アルジェリア領事館を率い、一九三一年三月まで活動した。帰国後ふたたび国民経済部門で働き、一九三三年七月一日から数か月、一等書記官として、カイロの公使館に配属された。一九三四年四月から近郊のアレクサンドリアで領事として活動し、一九三八年末の〔領事館〕閉鎖まで、当地の施設を統括した。〔一九三九年三月のナチス・ドイツによる〕チェコスロヴァキア占領と、同国の国外勤務閉鎖後に、東洋学研究所に配属され、一九四一年九月に元軍団兵として早めに年金生活に入った。〔チェコスロヴァキア共和国が復興された〕一九四五年春に職場復帰し、同年十月から一等総領事として、トルコのイスタンブールの施設を率いた。しかし一九四六年四月にプラハに召喚され、その後じきに同地の国民図書館勤務に転属された」『チェコスロヴァキア外交　第二部：チェコスロヴァキア外交官伝記事典（一九一八―一九九二年）』（アカデミア、プラハ、二〇一三年）ご覧のようにこの伝記辞典には、コヴァーシの東京における勤務データが欠落している。彼は一九一八年十二月に来日して、東京の駐日外交事務所で、ヴァーツラフ・ニェメツのもとで書記官として勤務していた。

☆2　原文は horský potok, první láska とある。おそらく山ノ井愛太郎が自分の氏名を、このようにチェコ語に「意訳」して見せたのだろう。

☆3　データベース「軍団兵のリスト」Seznam legionářů によると、ルドルフ・ロブル Rudolf Löbl（一八九五―没年不詳）はプラハ生まれの労働者。一九一六年七月にロシア戦線で捕虜になり、同年十二月に軍団に志願。第一連隊に所属。一九二〇年十月に動員解除。Detail legionáře (legie100.com)（二〇二二年三月十七日にアクセス）。

☆4　Tokijský čechofil. (Ze serie feuilletonů z Japonska.), *ČSD*, 30. října, 1919, č. 520, Irkutsk

☆5　原文の表記は Já mru-vím čes-ky、正しくは Já mluvím česky. 原文には「日本人は――おそらく周知のように――「l」の音を持っておらず、ふつうは「r」の音で代用する」という注が添えられている。

☆6　（　）内は原注。ВОТ は注意を促すロシア語の助詞。

☆7　原文は Já znám český báznik Jarosrav Vrchrický となっているが、正しい綴りは Jaroslav Vrchlický。目的語の český báznik Jarosrav Vrchrický は、本来は四格〔目的格〕になるべきだが、一格〔主格〕のままになっている。

☆8　オルドジフ・ゼメクは、一八九三年にモラヴィア地方のトゥペスィ村に生まれる。高校卒業後は農林係の役人を務めたが、第一次世界大戦が勃発すると、召集され、東部戦線に派遣される。一九一五年にポーランドのバリグルトで捕虜になり、一九一七年にチェコスロヴァキア軍団に入団。ウラジオストクで日本赤十字病院に入院、一九一八年十月に憧れの日本へ送られ、東京の聖路加病院で治療を受ける。一九一九年一月に帰国。ゼメクはすでに戦前〔第一次世界大戦前〕に詩集『心の奥』（一九一三）で文壇デビューを果したが、帰国後に文学活動を再開。『アジアからヨーロッパへ　軍団員帰還物語』（一九二六）、回想録『世界の戦火をくぐり抜けて』（一九二九）など、チェコスロヴァキア軍団時代の体験をつづった回想記もあるが、日本を舞台にした創作も多い。ホロウハなどと同じくロティやゼイエルに感化されたゼメクは、実際に見た日本の現実と思い描いた日本の理想を独自に縫い合わせつつ、数多くの〈日本もの〉を発表。その代表作に作品集『ニッポンの心』（一九二四）、自伝的小説『おユキさん』（一九二三）、『東京の望み』（一九二七）、小説『看護婦ヤエコ』（一九二八）などある。文芸雑誌『中心点』（Středisko）の編集に携わるなど文壇のオーガナイザーとしても一翼を担った。戦後〔第二次世界大戦後〕は文学活動を続けられなくなり、文壇から遠ざかる。一九六七年にプラハで逝去。娘に、若くして急逝したチェコスロヴァキアの舞台・映画名女優リブシェ・ゼムコヴァーがいる。

以上のゼメクの伝記資料は、ブルナ・ルカーシュ氏（実践女子大学准教授）が中心になって組織した展示会「夢うつつの世界へ、近代チェコ文学に描かれる〈日本〉」（於チェコセンター東京、二〇二二年二月十五日―三月三十日）の展示資料のなかから、同氏に提供していただいた。記して感謝する。

☆9 Zemek, Oldřich: *V zemi vycházejícího slunce. Vypravování ze života našich legionářů v Japonsku.* Brno 1928, s. 16.

☆10 Zemek, Oldřich: Světovým požárem. Paměti, Praha 1929. s. 298-350.

☆11 帰国輸送団第二便はイギリス船籍の「マドラス」。一九一九年二月十四日にウラジヴォストークを出港し、四月十三日（別説では九日）にナポリに到着した。乗員は四一五人（四四九人、四五三人説もある）。帰国輸送団については第五章の補論を参照。

☆12 チェコ共和国外務省文書館が所蔵する「政治情報、東京、一九一八―一九二〇年」Archiv MZV ČR, Politické zprávy, Tokio, 1918-1920 は、一冊の皮装丁の大型アルバムに貼り込まれた資料群で、初代駐日外交代表ヴァーツラフ・ニェメツと初代駐日公使カレル・ペルグレルから、プラハの本省（エドヴァルト・ベネシュ外務大臣）宛てに送られた一四七点（約四四四頁）の報告書を集めたものである。このうち一九一八年（一点）と一九一九年（五点）がニェメツの、一九二〇年（一四一点）がペルグレルの筆になる。本章で紹介する山ノ井についての報告書は、そのなかの第六八号案件にあたる。

☆13 興味深い人物なので略歴を紹介しておく。――カレル・ペルグレル **Karel Pergler** 一八八二年三月六日――リブリーン・ウ・ラドニツで生れ――一九五四年八月十四日　ワシントン（アメリカ合衆国）で没。八歳のときから両親とアメリカ合衆国で暮らし、（シカゴとウイスコンシンの大学で）法律を修了して、一九〇八年から私営企業の弁護士として活動。第一次世界大戦以前はチェコ社会民主党に近い立場で（『人民の権利（プラーヴォ・リドゥ）』と『アカデミエ』にも寄稿した）、紛争〔第一次世界大戦〕開始後じきに、アメリカ合衆国の同郷人コミュニティでの解放運動に加わり、ブルータスのペンネームで、同郷人マスコミに、ハプスブルク君主国の今後の継続に反対した。一九一五年十一月のチェコ在外委員会の宣言〔クリーヴランド協定〕に署名し、翌年初頭にコングレス（アメリカ議会）の委員会のひとつで、チェコ問題についての重要な演説を行なって、次第に在米チェコスロヴァキア抵抗運動の、第一線の代表になった。一九一七年四月以来ニューヨークで、〔ハプスブルク〕君主国の国民国家への分割を提起して、いわゆるスラヴ・プレス・ビューローを統括し、チェコ系とスロヴァキア系アメリカ人の、チェコスロヴァキア軍への徴兵にも関与した。一九一八年四月のT・G・マサリクのアメリカ合衆国到着後、彼の秘書になった。同年十月の最初の臨時チェコスロヴァキア政府成立後、ワシントンにおけるその初代外交代表になり（全権代表の肩書きで）、一九一九年十二月まで、アメリカ合衆国でチェコスロヴァキア共和国を代表した。一九二〇年四月から一九二一年八月まで、共和国の初代駐日公使として活動し、全極東との通商関係の樹立と、シベリアからのチェコスロヴァキア軍の帰還完了にも関与したが、部下たちやE・ベネシュ〔外務大臣〕との紛争のために解雇されて、チェコスロヴァキア外交勤務から去った。一九二三年からふたたびアメリカ合衆国に定住して、なかんずく当地の同郷人のチェコスロヴァキア国民評議会議長となり、ワシントンのナショナル大学で教育活動にも携わり、政治学を教えた。出版活動も活発で、アメリカの政府システムと、チェコスロヴァキア共和国成立に対するアメリカ合衆国の関与も検討した（『チェコスロヴァキア独立をめざす闘争におけるアメリカ』*America in the Struggle for Czechoslovak Independence*、一九二六年）。一九二九年春以降、J・ストシーブルニーの反フラト派〔マサリクに批判的なグループ〕的な「急進的スラヴ社会主義者」の隊列のなかで、祖国の政治活動に参加しようと試みて、同年秋にいわゆる「宣誓する候補者に反対する同盟」の議員に選出された。しかし選挙裁判所は、チェコスロヴァキア共和国に三年間、恒常的に居住する、という条件を満たしていなかったという理由で、彼の委任状を認めなかった。同様の方法で一九三二年に、ナショナル・リーグ代表として選出されたプラハの代表部への、彼の委任状も廃止されたが、その際この評決は最高行政裁判所によっても確認された。カレル・ペルグレルはその後ワシントン大学に戻り、一九三三年以来教授として活動し、アメリカ合衆国で生涯を終えた。『チェコスロヴァキア外交　第二部、チェコスロヴァキア外交官伝記事典（一九一八—一九九二年）』（アカデミア、プラハ、二〇一三年）（下線は長與による）。略歴の記述内容からも推測できるように、ペルグレルは「コントラヴァーシャルな」人物で、現代チェコ歴史学においても、評価が定まっているとは言えないようである。

☆14　これは明らかに、本章の巻頭で紹介した『日刊新聞』の二編のルポルタージュ記事をさしている。

☆15　この人物については、本書第三章の注27を参照。

☆16　「東京のチェコスロヴァキア電信事務所」（一九一八年十月二十九日、二一五号、エカチェリンブルク）**ČSTA v Tokiu, *ČSD*, 29. října, 1918, č. 215, Jekatěrinburg**——「チェコスロヴァキア国民評議会とシチェファーニク将軍の命令によって、東京でピーセツキー大尉を頭とするチェコスロヴァキア軍事事務所が開設され、情報勤務のためにもう一人の将校〔ヴァーツラフ・ニェメツか?・〕が任命された」

☆17　拙論「チェコスロヴァキア軍団と日本　三つのエピソード——兵士・看護婦・チェコ語学習者」『ORLOJ』二十三号、二〇一七年十月一日、四—一二頁。

☆18　Zemek, Oldřich: Štefánik v Tokiu. *Legionářský almanach*, Praha 1923, s. 186-190. この貴重な資料は、ペトル・ホリー氏に提供していただいた。記して感謝する。

なおこのエッセイの末尾には、『おユキさん』Zemek, Oldřich: O Juki San (Opava, 1923) が出典である、と書かれているが、確かに同書の八六—八七頁には同一内容の記述が見出される。全部で二十八章から構成されるこの自伝的小説は、一九一八年十月から一九一九年一月までの、ゼメクの日本滞在期の体験に基づく思われる記述が、ほぼ時期順にアレンジされている。本章で引用した個所以外にも随所に、山ノ井愛太郎をモデルにしたと思われる「イケダ・アイタロ」という人物が登場する。

小説『おユキさん』には、マサリクの東京滞在に触れた個所もある。日本の「秘密警察」が「我々の動き」を見張っている、帝国ホテルの「我々の外交官」〔おそらくニェメツをさす〕の部屋に、黒服の人物が忍び込んでいるのが発見された、という記述に続いて、こう書かれている。――「彼〔黒服の人物〕は深々とお辞儀をして、秘密警察の長官だと自己紹介し、こう言った。――「ご免をこうむって貴方に、我々の無作法を許してくださるようにお願いします。貴国の大統領閣下〔マサリク〕がわが国を短期間訪問された折にも、我々は軽率にもこの無作法を犯して、閣下をひじょうに入念に追跡しました。我々の恭順な請け合いをお受けいただきたいのですが、国家元首になられる方だと前もって予感していたら、国王のように歓迎していたことでしょう」（二〇五頁）。この記述は、第一章で触れた竹山安太郎の発言〔三七頁〕を連想させる。

☆19　原文は **Já učím česky**。この場合は **Já se učím česky**〔私はチェコ語を学んでいます〕となるべき。

☆20　ここでは山ノ井は、マサリクの足取りを正しく把握している。

☆21　Tamtiež, s. 189-190.

第五章　「交流美談」の頂点

――ヘフロン号事件

――一九一九年（大正八年）の夏から秋にかけて繰り広げられたヘフロン号事件については、管見のかぎりでは、わが国の文献には断片的な言及しか見当たらないが、[☆1]事情はチェコ側においても同様で、広く認知された出来事とは言いがたい。[☆2]本章では、おもに『チェコスロヴァキア日刊新聞』における報道記事と、何編かのチェコ語資料に基づいて、この知られざるエピソードの全体像の素描を試みる。それは、この時期の日本とチェコスロヴァキアの「交流美談」の頂点と言ってよい性格のものである。

I　座礁と救助　八月十六―十七日

アメリカ船籍の汽船ヘフロン[☆3]は、チェコスロヴァキア軍団の帰国輸送団第八便として、一九一九年八月十三日にウラジヴォストークを出港した。一行は、二十七人の将校と八百四十三人の下士官・兵士の総勢八七十人からなり、輸送団司令官はベネシュ少佐、副官はグレゴル中尉だった。同船は出港後すぐに、折からの台風に捕捉されて、同月十六日午前三時頃、福岡県白鳥灯台付近の大文字暗礁に座礁した。事故直後に『東京朝日新聞』（大正八年八月十七日）は、次のように報じた。

帰還兵輸送の米船座礁　白鳥灯台付近で昨夜救助されず――十三日浦潮より、米国軍隊少佐三名以下、兵卒八百二十七名及び看護婦五名を搭載し、神戸に向け航行中なりし米国船舶局所有汽船ヘフロン号（七、九〇六噸、乗組六十四名）は、十六日午前三時頃、福岡県白鳥灯台付近にて、大暴風雨と激浪の為め、遂に付近大文字暗礁に乗上げ、救助を求めたるより、下関水上署は岡村署長以下汽艇防長丸に乗込み、門司市海事工業会社の大浦丸、魁《さきがけ》丸と共に現場に急行、救助に盡《じん》瘁《すい》せしも〔全力を尽くしたが〕、周囲岩石多く船底二尺も喰い込み、加ふるに涛高く如何とも為す能はず、防長丸は昨夜六時引揚げ、他の二汽艇引続き努力し居るも救援の望みなく、一方呉海軍鎮守府にては二水雷艇を急派するに決したるが、ヘフロン号の船底は二重底となり、下層の一部を破損せるのみなれば、浮揚の上は航行差支なからんといふ。（門司特電）

この記事は、ヘフロンの座礁と救助活動の模様を詳しく報じているが、船のおもな乗客を「米国軍隊」と認識して、「神戸に向け航行中」だったとしている。

いっぽう『チェコスロヴァキア日刊新聞』は事故後一週間ほど経ってから、報道記事「我々の傷痍軍人を運ぶ汽船、浅瀬に座礁」（一九一九年八月二十四日、四六五号、イルクーツク）[☆4]で、ヘフロンの座礁事件についてはじめて報道した。

ハルビン、八月二十一日。汽船「ヘフロン」の我々の傷痍軍人輸送団が、事故に遭遇した。汽船は下関付近で、台風のために浅瀬に打ち揚げられた。船体はほとんど損傷していない。修理には約一ヶ月かかり、その後トリエステへの旅を続けるだろう。事故現場には救援と警備のために、三隻の日本の巡洋艦が停泊している。危険はない。駐日チェコスロヴァキア政府全権代表ニェメツ博士は、わが兄弟たちの過渡的措置に配慮するように要請した。

『日刊新聞』紙上で続報が掲載されたのは、事故後二十日ほどの記事「「ヘフロン」の傷痍軍人の運命」（一九一九年九月五日、四七五号、イルクーツク）[☆5]においてである。

ウラジヴォストーク、八月三十日。浅瀬に座礁した汽船「ヘフロン」の、我々の傷痍軍人輸送団団長ベネシュ少佐の報告。――「八月十七日に一行は下船を決定した。アメリカ赤十字の全権委員が交通手段を交渉して、八月十七日朝に船の乗換えが開始された。夕暮れ前に輸送団全員が門司に到着して、YMCA（アメリカ・キリスト教青年会）の劇場の建物に宿泊したが、我々にとっては手狭だった。八月十九日に日本の将軍が到着して、彼の仲介で、市役所がいくつかのテントと大鍋を送ってくれたので、若者たちに食住が確保された。船舶管理局の役人が、一行の食事に良心的に配慮してくれているので、不足に不平を言うことはできない。日本人は一般に、我々に対してひじょうに親切だ。八月二十一日に「ヘフロン」は浅瀬から引き出されて、港に到着した。船体の損傷の程度は大きくないので、自力で神戸にたどり着けるだろう。傷痍軍人と傷病兵は日本の病院に収容された。彼らは総勢三十二人である。他の者たちは健康で元気だ。

II　門司滞在　八月十八日—九月三日

救助された軍団兵士の一人フランチシェク・ルケシは、帰国後に発表したエッセイ「日出ずる国」のなかで、門司についての印象を詳しく書き残している。☆6

印象は忘れがたかった。いたるところで、ぼくがどこでも見たことのないような模範的な清潔さ、どこを見まわしても何千ものさまざまな色合いの電球……。門司の町の人の何人かは、我々となんとか会話をしようと試みて、〔我々のなかで〕せめて少しでも英語を知っている者は、たやすく意思疎通できる。英語ができない者は分が悪い。そこで助けになるのが連合国語〔身振り手振り〕だ。……翌日にはすべての少年たちが我々に、「ナズダル・チェキ」と挨拶した。……八月二十日に我々のために映画上演会があり、市長が挨拶した。☆7〔市長の挨拶によると〕「我々が遭難したことはひじょうにうれしい。なぜなら彼〔市長〕の兄弟たちと〔シベリアで〕一緒に戦って、それについてかくも多くの美しい事柄を〔新聞で〕読んだ者たち〔チェコスロヴァキア軍をさす〕を、見ることができるからだ。事情が許すかぎり、我々〔軍団兵〕に随所で救いの手を差し伸べ

ると約束し、我々全員に多幸と快適な滞在と無事の帰国を願い、我々のことをつねに思い起こすことだろう。(二九九頁)

遭難した軍団兵士たちの門司滞在期の写真が、チェコ側で保管されている。そのうちの四枚を紹介する。

【図1】は論集『抵抗運動の道で』第五巻(二九九頁)に収録されたもの。写真の下のキャプションは「「ヘフロン」難破後の門司でのキャンプ」。テントと救命ボートらしきものが写っている。正面奥に見える特徴的な建物はYMCA会館だろう。

【図2】は軍事歴史文書館(プラハ、ルジニェ)の写真コレクションに所蔵。キャプションには、「一九一九年、日本、門司……アメリカのYMCAの建物の前で」とある。【図1】と同一の建物である。建物正面の上部に、「YMCA」の文字がはっきり読み取れる。

一六六頁の【図3】も同じく軍事歴史文書館所蔵のもの。キャプションには「日本、門司、チェコスロヴァキアの傷痍軍人たち」としか書かれていないが、この写真は日本の写真館で作成された台紙に貼り付けられていて、右下に「Sato Studio Moji　門司　佐藤」のイニシャルが読み取れる。白服の正装の男性と浴衣姿の少年が、多数の軍団兵士たちに取り囲まれている。背景の建物はYMCAのようだが、正面玄関ではないようだ。

【図4】も軍事歴史文書館に所蔵されていた。キャプションには「一九一九年、日本、門司、

図１　「「ヘフロン」難破後の門司でのキャンプ」

図２　「一九一九年、日本、門司……アメリカのＹＭＣＡの建物の前で」

図3 「日本、門司、チェコスロヴァキアの傷痍軍人たち」

図4 「一九一九年、日本、門司、損傷した汽船「ヘフロン」のチェコスロヴァキア義勇兵のグループと……土地の住民」

損傷した汽船「ヘフロン」のチェコスロヴァキア義勇兵のグループと……土地の住民」とある。YMCAとは別の建物の正面玄関だろうか。軍団兵たちと地元の住民が混じり合い、全体としてリラックスした雰囲気が漂っている。中央の上から二段目の白服の男性は、【図3】に写っているのと同一人物のように見える。「軍団兵たちが遭難したことはうれしい」と挨拶したという市長だろうか。その下の女性の自然なほほえみが印象的だ。右端の日本人男性は、軍団兵と親しげに肩を組んでいる。

Ⅲ ルポルタージュ「浅瀬に座礁した兄弟たち」

十一月初頭の『日刊新聞』に、「浅瀬に座礁した兄弟たち」（一九一九年十一月五日、五二五号、イルクーツク）[☆8]と題する長文のルポルタージュが掲載されている。座礁をめぐる詳細が記録されているので、すこし長いが、主要部分を引用する。

八月十六日に日本の岸辺で、撤収中のわが兄弟を乗せて、浅瀬に座礁した汽船「ヘフロン」の事故について、体験者の兄弟ヤン・ボックが、神戸からの九月十八日付けの手紙のなかで、第一師団司令部通信隊の兄弟ヨゼフ・ポホル宛てに、興味深く書いている。

我々は八月十二日にウラジヴォストークで乗船して、本来はその日の夜半か翌朝に出港する予定だった。しかし祖国からの代表団[☆9]を待って、彼らは翌日十一時に到着した。〔F・V〕クレイチー議員が短い演説を行ない、それから船は雨のなかを岸壁を離れた。半時間後に嵐に捕捉された。波は船体を左に、前に、そして後ろに揺さぶった。多くの者は、陸地では一度もこの慣れない動きを学んでいなかったので――君も知っているように、我々は〔列車の〕揺れには慣れたのだが――、次々と秘密の場所に引きこもり、夜半までにすでに船客の四分の三が、決して解決されない多くの「提案」を行なった〔「嘔吐した」という意味か?〕。

八月十四日と十五日も船体はまだ揺れていたが、揺れはもう少し穏やかだった。だが四時過ぎ頃にふたたびダンスがはじまって、しかもはるかに徹底的なものだった。我々の汽船は全長一二十メートル、幅十六メートル、喫水部分は約四メートルで、水面上に約五メートル突き出している。波は絶えまなく甲板を乗り越え、それ以外に驟雨と風があって、風は船のワイヤーで、最大限に鋭いうなり声を立てた。晩頃に、そもそももう夜半になって、日本の岸辺が姿を現して、それで我々は救われた。日本の将校の話では、この夜のような嵐は何年かぶりだった。

真夜中すぎに巨大な波か、それともなにか別の理由で〔それについては船長が知っているだろう〕、船は岩場に座礁した。――そのときの騒音は大きなものではなく、奇妙な軋り音――というか、錨を下ろしたような、軋り音の繰り返し、船のうなり声のようだった。赤い光を灯した灯台の近くに停船しているのに気付いて、我々はぞっとした。恐怖とともに、座礁したと素っ気なく言われた。――それは言われなくてもわかっていたが、もっと悪いことに、船内に浸水していることに気がついた！　――しかし気分は悪くなかった。朝方に我々の船のそばに、たくさんの大小の日本の汽船・帆船・はしけがいた。――我々を見守って、状況が悪化したら、我々を乗せて運び去るつもりだった。一日中、日本の潜水夫が船の下にいた。

我々はこうして八月十六日と十七日を過ごした。その間に水は、いわゆる船倉にまで上がってきた。船体の脇と舳先の損傷はひどいものだった。――我々はほとんど眠れなかった。八月十八日に、重いトランクと小包まで含めて、すべての荷物を持つように命令が下った。――アクロバットのような方法で、荒れる海面をはしけに乗り移った。蒸気船が、ガチョウの行進のように四隻のはしけを引いて、三時間で日本の九州島の町である門司に着いた。

我々が日本人を、日本人が我々をいかに「観察」したか、君には想像がつくまい。我々の一部はテントに、一部はアメリカン・スクール〔ＹＭＣＡのことか？〕に収容された。翌日約五万人の町の市内見物がはじまった。家々、商店、男女の日本人――万事が我々の関心を引いた。――かくも整然とした国は、これまで見たことがない、と断言できる。いたるところに模範的な清潔さ、キモノを着込んだ興味深い人々、子供たちは感じが良くて、我々については、いたるところで称賛づくめ。我々はほんとうに文明的民族としてふるまうことができる。随所で我々に対する大きな関心、新聞での報道、募金など。損傷した船体はさしあたり神戸のドックに運ばれて、我々も九月三日にそれに続いた。はしけで九州島から日本島〔本州〕の下関の町に運ばれた。門司の港には、数百人の住民と何千人の学童が、教師に連れられてやって来た。子供たちは別れの挨拶に帽子と学帽をふって、「ナズダル」と叫び、我々のほうは日本語で「バンザイ」を唱えた。

下関から鉄道で神戸に向かった。一寸の土地と言えども耕されていないところはない見事な谷間を通る、おとぎ話のような旅、一面のコメの田圃、ヒエと見事なハスの花。いま当地〔神戸〕では住居も良好で、食事も同じく良い。最初は酷暑に悩まされた。――我々はアフリカ北岸と同じ緯度にいて、ここにはイチジク、棕櫚、茶などが生育している。我々はルーブリの代わりにフランで〔給料を〕受け取っていて、いま日本円は一円が三十五フランだ。かなり〔円が？〕高いが、しかし雑多な出費にはじゅうぶんで、故郷で小さな展覧会を開けるだろう。ときおり東京のわが領事〔ヴァーツラフ・ニェメツ〕が、チェコ語の新聞を送ってくれる。……

Ⅳ　神戸で　九月四日―十月三十日

前述のバックのルポルタージュにあるように、輸送団一行は九月三日に門司を出発した。[☆10] 門司の港で住民と学童の盛大な見送りを受けて、正午にはしけに乗って下関に移動し、同日の午後三時に列車に乗って、二十時間の旅路ののち、九月四日午前九時半に神戸に到着した。神戸駅には「市の代表たち、東京から来たチェコスロヴァキア共和国領事〔ニェメツ〕、多数の観衆が歓迎にやって来た[☆11]」

「神戸では三個中隊が軍の宿営内のテントに宿泊し、第四中隊はＹＭＣＡの建物に泊まったが、彼らも後に宿営に移動した」[12]。「観衆の隊列からの訪問は数知れず、個人的友人もじきにたくさんできた。彼らはほぼ毎日やって来て、我々を市内見物に案内し、自宅に招待し、我々の滞在をできるかぎり心地よいものにしようとした。大きな海港を持つ大都市としての神戸は、そのためにすべての可能性を提供した」[13]。「市内、レストラン、映画館、劇場と随所に、我々は観客として入場を許された。日本人とのサッカーの試合が、音楽と合唱と体操の演技会が、遠近の周辺への遠足が催された」[14]

十月一日には神戸のＹＭＣＡのホールで、軍団兵士による合唱と音楽とソコル体操の公開公演会が開かれた。「神戸での「ヘフロン」の兄弟たち」（一九一九年十一月十五日、五三四号、イルクーツク）[15]はこう報じている。

ホールは新生共和国の青白赤の三色と、新緑で縁取られたマサリク大統領の肖像で飾られていた。見事なチェコの民謡・朗読・オーケストラの演目と、素晴らしい出来ばえの象徴的な生きた彫刻は、大成功を勝ち取った。だが最大の注目を浴びたのはソコル〈体操〉の練習だった。合間に『大阪毎日新聞』（オサカ・デイリー・ニューズ）代表は、チェコスロヴァキア軍戦士の芸術家に対する驚嘆の印として、ソコルたちに銀杯を贈った。ソコルの団長バルトシェク氏は、団員

図5 「神戸でのソコル演技会」

全員の名前で美しいプレゼントに感謝して、日本の友人たちがチェコスロヴァキアの若者を、共感をもって迎えてくれた記念に、この杯はプラハの博物館に陳列される、と贈り主に約束した。アメリカ総領事R・フレーザー氏と夫人と令嬢、ロシア領事と家族、チェコスロヴァキア共和国全権代表ニェメツ博士が、式典に参加した。

【図5】は『抵抗運動の道で』（第五巻、プラハ、一九二九年、一四一頁）に収録されていた。下のキャプションは「神戸でのソコル演技会」。撮影日時と場所は不詳。

コヴァルチークの証言によると、十月九日に輸送団全員が、日本の古都奈良の訪問に招待された。当日の早朝に電車で出発し、大阪を経由して奈良に到着。パゴダ（興福寺の五重塔？）とそれに続く「七百頭の鹿」のいる公園。大きなホールで市長、県知事、政府代表らの挨拶。「団長のベネシュ中佐の音頭で、奈良市長、県知事と日本に、嵐のような「ズダル」（万歳）を叫ぶ[☆16]」。

庭園と寺院の見学。大仏殿、ナンコウ寺〔南都の興福寺?〕、ヤメイ門〔陽明門?〕。大仏殿の巨大な大仏。☆17

一行の奈良訪問については『大阪毎日新聞』(大正八年十月十日)も、「チエツク兵の奈良見物、県市の歓迎を受けて公園を逍遙」と題して、こう報じている、

既報神戸にて便船待合せ中のチエツク兵四百七十三名、士官ベニツシュ〔ベネシュ〕少佐以下将校十五名、赤十字班婦人六名、其他総計五百一名は、藤田兵庫県官房主事、児玉同通訳、神戸青年会員数名の案内にて、九日午前八時十分神戸発臨時列車にて、十一時三分奈良駅に着せり。県市の歓迎を受けたる後、公会堂にて休息の後公園を見物し、午後四時二十分、奈良駅発臨時列車にて帰神せり。

次頁の【図6】は『抵抗運動の道で』(第五巻、プラハ、一九二九年、三〇一頁)に収録されている。下のキャプションは「チェコスロヴァキア=日本の友好的交流」。撮影日時と場所は不詳だが、十月九日の奈良旅行の折に撮影されたものではないかと推測される。なお左手に掲揚されているのは、当時軍団が使用していた上が白、下が赤の民族旗である。☆18

「日本滞在中の汽船ヘフロン輸送団の啓蒙サークル活動(ウラジヴォストークの極東啓蒙団

図6　チェコスロヴァキア＝日本の友好的交流

体に送られた情報からの抜粋)」(一九一九年十一月二十七日、五四四号、イルクーツク)[19]には、神戸滞在中の一行の文化活動について、次のように報告している。

内部活動――門司で娯楽の夕べ(日付不詳)。神戸でこんにゃく版情報誌と雑誌『ネルヴォザ(いらいら)』の出版、英語講座(ハロウプカ中尉)、ロシア領事が利用させてくれた書籍の借用、講演――十月七日「日本について」(兄弟のレジニー)、十月十八日「養蜂業について」(兄弟のボック)、十月二十五日「地球について」(兄弟のバルトゥーシェク)。

外部活動のために、オーケストラ・合唱団・ソコル部門の日々の練習が必要だった。オーケストラと合唱団は何度か日本の学校で、オーケストラはホテル・オリエントとホテル・トルで、合唱団はＹＭＣＡの満月の祭〔十五夜？〕で公演した。十月一日に公的性格の大きな演技会があり、政府・政治団体・軍隊・団体などの代表が列席した。〔演技会は〕十月二日にわが軍の兄弟のために、十月三日に日本の学生のために繰り返された。最初の晩の折に『大阪毎日新聞』代表から、名誉の銀杯が贈られた。十月九日に、歴史的な街である奈良への集団旅行が催され、参加者は市長と政府代表に歓迎された。神戸滞在中に軍楽隊と合唱団は、欧州婦人クラブ、ロシア人クラブ（二回）、学生の祝賀会、ポルトガル領事館、体育祭で、一緒にあるいは別々に公演した。――サッカー・チームは日本の学生と六回試合をして、そのうち四回勝利した。[☆20]兄弟のハロウプカ中尉は、新聞に一連の記事を寄稿した。

「〔ヘフロン〕、日本を出発（日本からのオリジナルな手紙）」（一九一九年十一月十九日、五三七号、イルクーツク）[☆21]は、ヘフロンの乗組員の日本滞在をこう「総括」している。

本年十月三十日に神戸から、兄弟のベネシュ少佐指揮下の汽船「ヘフロン」の傷痍軍人の輸送団が、二か月半日本に滞在した後で出発した。八七十人の兄弟が乗った船は、八月十三日にウラジヴォストークを出港して、八月十五日の嵐の際に、門司港の近くの岩場に座礁した。船体はひじょうに損傷したので、輸送団全員が門司に上陸することを余儀なくされて、船体は神戸の造船所に曳航された。

兄弟たちは最初門司に収容され、住民と日本当局からひじょうに友好的に迎えられた。九月四日に輸送団全員は神戸に移されて、より快適な兵営と古い校舎に収容された。そこで九月二十八日に聖ヴァーツラフの祝日が祝われ、十月一日にはYMCAのホールで、歌と音楽とソコルの練習の公開公演が行なわれた。公演はなみならぬ成功を収めて、さらに二度繰り返されなければならなかった。その収益で、日本の芸術と歴史の記念物が豊富に残された街である奈良への、兄弟たちの集団旅行が企画された。

十月二十五日に東京で「インターナショナル・フォーラム」協会が、「ヘフロン」のチェコスロヴァキア人のための昼食会を催して、約四十人の日本のマスコミ代表が出席した。同協会会長の東郷〔安?〕男爵のわが軍への称賛に満ちた挨拶の後で、駐日チェコスロヴァキア共和国政府臨時代理公使ニェメツ博士は、自由をめざす我々の闘いの理念的基盤と、我々の若い共和国の努力と願望について語り、ハロ[illegible]カ中尉がロシアとシベリアでのわが軍の戦いの歴史を描写した。スロヴァキア女性パウリニ嬢は心のこもった言葉で、傷痍軍人の兄弟たちがその証人になった友情と親切さの表明に対して、兄弟たちの名において日本のマスコミ代表に感謝した。

「ヘフロン」の兄弟たちは、みずからの威厳を持った礼儀正しいふるまいによって、見事に日本人の友情と尊敬を勝ち取った。この[illegible]は日本語と英語のマスコミで一度ならず記録された。我々についてほとんど関心を示さなかった[illegible]の新聞『ザ・ジャパン・クロニクル』は、出発の日にこう書いた。――「ヘフロン」は今朝出港した。チェコスロヴァキア軍は社会全体の共感に伴われて出発する。彼らは、音楽とその他の才能のなみならぬ高さを示したばかりか、当地滞在中のきわめて紳士的ふるまいによっても際立っていた。彼らが五年間、(キプリング氏の言葉によると)聖人教育には向いていない環境で暮らしたことを思い起こすなら、これは些細なことではない。この男たちは、新生共和国のための信頼を勝ち取ったと断言していい」

末尾に引用した記事はチェコスロヴァキア側からの、ヘフロン号事件の「総括」と考えていいだろう[☆22]。

V　出港

修理を終えたヘフロン号は、十月三十一日に神戸港を出港した。出港に際して、輸送団司令官〔ベネシュ少佐〕はウラジヴォストークのチェコスロヴァキア軍司令部に、「汽船「ヘフロン」についての報告」(一九一九年十一月二十八日、五四五号、イルクーツク[☆23])を提出している。

神戸から、十一月一日。私〔ベネシュ〕は、十月三十日に「ウラジヴォストークのチェコスロヴァック司令部(ヘッドクオーター)」に送った電報の文面を引用する。

「輸送団は明日「ヘフロン」に乗船する。兵士の一人が行方不明になり、他の者たちは全員揃っ

ている」司令官ベネシュ少佐

船の出港直前に、失踪した歩兵ヨゼフ・マーツァが、日本の警察の手で船に送り届けられたので、いま輸送団の構成は、完全に添付のリスト通りである。

横浜の病院で手術された第五輸送中隊の歩兵ヨゼフ・スピカの容態は、輸送団に戻ることを許さなかったので、私は全部の書類を添えて、彼を東京駐在チェコスロヴァキア領事ニェメツ博士の権限に委ねた。

汽船「ヘフロン」は下関に停泊して穀粉を積み込み中で、明日、上海に向けて出港するが、そこで約三日間さらに穀粉を積んで、総量は九〇〇〇トンになるだろう。

輸送団の健康状態は満足すべきもので、気分はひじょうに良好だ。輸送団司令官――ベネシュ少佐（自筆署名）」

添付リストによると、人員構成はこう変わった。――本来の八七十人の守備隊のうち、九月三日にヨゼフ・ハヴェルカが、九月二十二日にヨゼフ・ベネシュが死亡し、三人がウラジヴォストークに戻り、一人が横浜に留まった。その代わりウラジヴォストークから神戸に、新たに十人が到着したので、同船で出発するのは総勢八七四人である。

その後ヘフロンは順調な船旅を続けて、インド洋航路を辿り、スエズ運河を経由して十二月二十日（十二月十七日説もあり）に、イタリアのトリエステに入港した。帰国輸送団第八便の一行は十二月二十四日（クリスマス・イヴ）に、無事に故郷のチェコスロヴァキアに到着した。

【補論1】文書群「大正八年八月　米國御用船ヘフロン号遭難ニ干〔関〕スル件」について

国立公文書館アジア歴史資料センターの整理番号「3-2228　0241-0252」に、標記の文書群が収められている（外務省外交史料館＞戦前期外務省記録＞3門＞通商＞6類　交通及通信＞7項　水難＞困難船及漂民救助雑件／米国之部　第五巻）。文書群の内容を概観しておく。

（1）大正八年八月十九日付け、福岡県知事〔安河内麻吉〕から内田外務大臣宛て。電文によるヘフロン号遭難者の門司収容の報告。原稿用紙半枚強〔0242-0244、同文二通あり〕

（2）八月二十二日付け、アメリカ赤十字のシーベリー・T・ショート（Seabury T. Short）少佐の英文電報（船舶の現状報告と遭難者たちの神戸での宿泊依頼）と、それに対する対応策の報告。原稿用紙半枚〔0245〕

（3）大正八年八月二十一日付け、福岡県知事安河内麻吉から内務大臣床次竹二郎、外務大臣子爵内田康哉、通信大臣野田卯太郎宛て。「米國御用船遭難ニ関スル件」のタイトルのもとで、遭難者救助の模様についての詳細な報告。原稿用紙二枚分〔0246-0247〕

（4）大正八年八月二十七日付け、大蔵次官神野勝之助から外務次官幣原喜重郎宛て。遭難貨物の陸揚げと通関に関して、便宜を図るように要請。原稿用紙半枚〔0248〕
（5）大正八年八月二十五日付け、福岡県知事安河内麻吉から外務大臣子爵内田康哉宛て、「米國御用船遭難ニ関スル件」のタイトルのもとで、「遭難當時ノ状況」、「船体破損ノ状況、並ニ其後ニ於ケル應急工事ノ概況」、「チエック傷病兵ニ対スル救護、並ニ慰安方法」の各項目についての詳細な報告、原稿用紙三枚弱〔0249-0251〕
（6）大正八年八月二十八日付け、福岡県知事安河内麻吉から内務大臣床次竹次郎、外務大臣子爵内田康哉、通信大臣野田卯太郎宛て。「米國御用船乗組「チエック」傷病者ニ関スル件」のタイトルのもとで、傷病兵の取り扱いに関する報告。原稿用紙一枚分〔0252〕

【補論2】 軍団の帰国輸送船団について

シベリア・ロシア領極東地域に滞在していたチェコスロヴァキア軍団の撤収は、一九一九年初頭から開始された。帰国輸送団第一便のローマ（イタリア船籍）は、一三九人（一三八人説もあり）の軍団兵を乗せて、同年一月十五日にウラジヴォストークを出港し（以下すべての撤収船が同港から出港した）、スエズ運河を経由して、三月十日（十一日）にナポリに到着した。二ヶ月足らずの船旅だった。終章で触れるようにこの便には、軍団の傷痍軍人フランチシェク・カサが乗船していたが、彼は東京で下船して、聖路加国際病院に収容され、そこで亡くなった。第二便はマドラス（イギリス船籍）で、四一五人（四四九人、四五三人）を乗せて二月十四日にウラジヴォストークを出港し、四月十三日（九日）にナポリに到着した。オルドジフ・ゼメクはこの船で帰国している。その後撤収は、一か月に一便ほどのペースでゆっくりと進み、本章で取り上げたヘフロン（アメリカ船籍）は第八便にあたる。

帰国輸送団は全体で三六便が組まれたが、[☆24] そのうちアメリカ船が全体の人員の約四十五パーセントを、イギリス船と日本船がそれぞれ約二十パーセントを輸送した。

撤収に用いられた日本船は、帰国輸送団第六便のリバプール丸（出港：一九一九年七月九日、マルセイユ到着：九月十二日（十一日）：五八七人（五八九人））、第九便の唐津丸（出港：十月三日、トリエステ到着：十一月二十七日：九九五人）、第一〇便のケープタウン丸（出港：十月二十七日、マルセイユ到着：十二月十六日：一〇七七人）、第一一便のイタリー丸（出港：十一月二十二日、トリエステ到着：一九二〇年一月六日：九八十人）、第一二便の蘇格蘭（スコットランド）丸（出港：十一月二十二日、トリエステ到着：一九二〇年一月八日：九四三人）、第一三便の陽南丸（出港：十二月六日、トリエステ到着：一九二〇年?月?日：第一連隊の一部）、第一五便の春光丸（出港：十二月二十四日、トリエステ到着：一九二〇年二月十二日：一〇二五人）の七隻である。

ルドルフ・ラシェ博士の「わが軍の撤収に寄せて：統計と回顧を少々」（一九二〇年四月二十五

日、六六四号、ヴォズドヴィジェンスキー待避駅[☆25]）によると――「「リバプール丸」は当時の（チェコスロヴァキア）全権代表ギルサ博士が、祖国の許可を受けて雇用した。「唐津丸」、「ケープタウン丸」、「イタリー丸」、「蘇格蘭（スコットランド）丸」、「陽南丸」、「春光丸」は中央委員会が雇った」

三六便の帰国輸送船の多くは、インド洋、スエズ運河経由で、地中海の港（おもにトリエステ）に到着したが、一部の船は太平洋航路を辿り、北米大陸を鉄道で横断したり、第二三便のグラント大統領号のようにパナマ運河を利用して、大西洋航路でヨーロッパに到着したケースもある。最大規模の輸送は、第二二便のアメリカ（アメリカ船籍）の五八三五人と、第二三便のグラント大統領（アメリカ船籍）の四六一三人で、この二隻だけで一万人近くを撤収させた。

大量の人員を運ぶ、長期にわたる大規模な遠距離の船旅だったが、ヘフロンの座礁事件以外に、大きな事故はなかった。ちなみにヘフロンは最終の第三六便として（出港：一九二〇年九月二日、トリエステ到着：十一月十一日）、再度撤収兵七二〇人を故郷に運んでいる。

□注

☆1　たとえば、柴宜弘「「ウ・ボイ」をめぐって　男性合唱団の愛唱歌」、『クロアチアを知るための六〇章』（明石書店、二〇一三年、三一一―三一五頁）。柴氏は、日本の男声合唱団のあいだで歌い継がれている「ウ・ボイ」という曲が、クロアチアの作曲家イヴァン・ザイツのオペラ「ニコラ・シュビチ・ズリンスキ」を出典とすることを明らかにし、同時にこの曲は一九一九年秋のチェコスロヴァキア軍団の、ヘフロン号事件を介して日本に伝えられた、と書いている。この好エッセイは、ヘフロン号事件について触れた日本で最初の文献のひとつだろう。惜しいことに柴宜弘氏は二〇二一年五月に急逝された。筆者は、本書をお目にかけることができなかったことを悔いている。この場を借りて、改めてご冥福をお祈りする。

☆2 最近の文献としては、アンドレア・ミコラーショヴァーが二〇〇四年にフラデツ・クラーロヴェー大学教育学部に提出した卒業論文『一九一九年の汽船ヘフロンでの軍団兵士たちの祖国への輸送』Mikolášová, Andrea: *Transport legionářů na lodi Heffron zpět do vlasti roku 1919*. Hradec Králové: Pedagogická fakulta Univerzity Hradec Králové. 2004, Diplomová práce. がある。この文献のことを教えてくださったヘレナ・チャプコヴァー氏（立命館大学グローバル教養学部准教授）に感謝する。

☆3 「ヘフロン」はアメリカの地名や人名などに見られる名称だが、船舶命名の由来についてはさしあたり不明。

☆4 Z našeho vojska: Loď vezoucí naše invalidy najela na mělčinu, *ČSD*, 24. srpna, 1919, č 465, Irkutsk

☆5 Z našeho vojska: Osudy invalidů na „Heffroně", *ČSD*, 5. září, 1919, č. 475, Irkutsk

☆6 フランチシェク・ルケシ「日出ずる国」、『抵抗運動の道で』（チェコスロヴァキア軍団はいかに暮らし、どこを旅したか）、第五巻、プラハ、一九二九年、二九七—三〇二頁 Lukeš, František: Země vycházejícího slunce. *Cestami odboje (Jak žily a kudy táhly čs. Legie)*, Díl V. Praha 1929, str. 297-302.

☆7 本章巻末に収録した【補論1】の（5）の文書には、次のような記述がある。——「……去る〔八月〕二十日、二十一日の両夜は、同市青年會館に於て活動写真を無料観覧せしめ、尚二十日午後六時より同館に於て、市主催の慰安會を開き、茶菓子及煙草等を贈與し、二十一日午後一時より、青年會館に於て演武會を開催して、之れを観覧せしむる等、各種の慰安方法を講ぜしむる……」

☆8 Bratří na mělčině, *ČSD*, 5. listopadu, 1919, č. 525, Irkutsk

☆9　F・V・クレイチー議員の率いる「祖国からの代表団」については、終章二六四―二六七頁を参照。

☆10　「出発の日に門司の病院で、第三輸送中隊の歩兵〔ヨゼフ〕ハヴェルカが、赤痢による衰弱で死亡した。彼の病気はウラジヴォストークからのものだった。遺骸は火葬場で焼かれて、遺灰は祖国に持って帰られる」。「ヘフロン輸送団の運命」（一九一九年十月二十四日、五一六号、イルクーツク）Osud transportu Heffron, *ČSD*, 24. října, 1919, č. 516, Irkutsk

☆11　フランチシェク・ルケシ「日出ずる国」、『抵抗運動の道で』（第五巻、プラハ、一九二九年、三〇〇頁）

☆12　ミラン・コヴァルチーク「キクとサクラの国で（日本の思い出）」、『抵抗運動の道で』（チェコスロヴァキア軍団はいかに暮らし、どこを旅したか）、第五巻、プラハ、一九二九年、一三八頁　Kovalčík, Milan: V zemi chrysantém a sakur (Vzpomínky na Japonsko.). *Cestami odboje (Jak žily a kudy táhly čs. Legie)*, Díl V. Praha 1929, str. 138.

☆13　ルケシ、三〇〇頁

☆14　同上

☆15　Bratři z "Heffronu" v Kobe, *ČSD*, 15. listopadu, 1919, č. 534, Irkutsk　コヴァルチーク、一四〇頁にも同日の演技会の記述がある。

☆16　コヴァルチーク、一四一頁

☆17　同上、一四二頁。ルケシ、三〇一―三〇二頁にも奈良旅行の記述がある。

☆18　旗については第三章九五頁の記述も参照。

☆19　Činnost Osvětového kroužku transportu lodi Heffron za pobytu v Japonsku, *ČSD*,

☆20　コヴァルチークのエッセイに、「〔我々のサッカー・チームは〕九月十九日に神戸の地元チームとの試合で勝利した」（前掲書、一三八頁）と書かれている。『神戸一中蹴球史　復刻版』（財団法人ユーハイム体育スポーツ振興会）には「大正八年秋／チエツコ軍人と試合／講和條約の済んだ後本國が認められたのでシベリアから帰國の途中神戸に寄港、大層大きな男ばかりで股の下をくぐって喝采を拍《ママ》したこと等記憶している（緒方氏談）」という記述が見られる。併載されたメンバーの集合写真のなかには「白洲次郎」の名前がある。この貴重な資料は、太平陽一氏とペトル・ホリー氏に提供していただいた。記して感謝する。

☆21 „Heffron" odjíždí z Japonska. (Pův. dopis z Japonska), *ČSD*, 19. listopadu, 1919, č. 537, Irkutsk この論説の筆者はヨゼフ・クデラ。

☆22 個人的印象の例として、ルケシの後年の回想の一節を引用しておく。——「十月二十九日にもう一度日本の友人たちの手を握ってから、修理された汽船ヘフロンで帰路に着いた。我々は解放された祖国への帰還を楽しみにしていたとはいえ、日出ずる国で我々に提供された心地よい接待と、そこのおとぎ話のような美しさを思い起こして、我々の多くはさらにある期間、入念な清潔さと強いられたものでない友情の国に留まれたら、うれしかったことだろう。だれもが必ずや何年もあとで、日本国民が「ヘフロン」の難破者たちに提供したことすべてを、喜んで思い起こすだろう。……」(前掲書、三〇二頁)

☆23 Hlášení o lodi „Heffron", *ČSD*, 28. listopadu, 1919, č. 545, Irkutsk

☆24 ウェブサイト上のページ「チェコスロヴァキア軍団の輸送団」Transporty čsl. legií Transporty čsl. legií : Transporty (valka.cz)(二〇二二年一月三十一日にアクセス)

☆25 Dr. Raše: K naší evakuaci: Trochu statistiky a retrospektivy, ČSD, 25. dubna, 1920, č. 664, Rozj. Vozdviženskij

〔追記〕本章の原稿提出後に、大津留厚『さまよえるハプスブルク 捕虜たちが見た帝国の崩壊』(岩波書店、二〇二一年)に、ヘフロン号事件に関連する記述があることに気づいた。「第五章 さまよえるハプスブルク」中の「神戸のチェコスロヴァキア軍団」(一三〇—一三二頁)がそれで、『朝日新聞神戸付録』と『朝日新聞大阪版』に掲載された関連記事が紹介されている。軍団兵の門司と神戸滞在の詳細を伝える記事は、探せばもっと出てくるかもしれない。

第六章　ハイラル事件（その一）

——「藪の中」なのか？

――一九一九年十二月以降、コルチャーク体制の急激な崩壊（オムスク陥落は十一月十四日）と、ボリシェヴィキ勢力のイルクーツクまでの進出（赤軍のイルクーツク占拠は一九二〇年三月七日）によって、シベリアとロシア領極東の軍事・政治情勢はいっきに「緊迫化」した。東方への撤収を開始したチェコスロヴァキア軍団が、イルクーツク以東の日本軍の「影響圏」に踏み入ることで、軍団とチタのセミョーノフ政府との対立関係を媒介として、軍団と日本軍の関係も緊張したものになる。これを背景として一九二〇年（大正九年）四月十一日に、中国東北部（満州）西部の、中東鉄道沿線の町ハイラル（海拉爾）駅で、衝突事件が発生した。

I　日本側の報道と記録

ハイラル事件についての日本側の資料はごく限られているが[☆1]、まず当時の新聞が、この事件をどのように報道したかを押さえておこう。

四月十五日付けの『東京朝日新聞』二面に「十三日哈爾賓《ハルビン》特派員発」として、「日支両軍衝突、チ軍も我に敵対す」と題された記事が見出されるが、おそらくこれが、同紙上でのハイラル事件についての第一報であろう。ちなみに「支」は、中国をさす当時の呼称「支那」の頭文字で、

「チ軍」とはチェコスロヴァキア軍をさす。

去る〔四月〕九日〔十一日?〕、海拉爾〔ハイラル〕にある日支両軍に於て、拘禁中の過激派〔中東鉄道のロシア人鉄道従業員をさす〕首領解放をば、露人の意を迎えつつある〔ロシア人に迎合している〕支那側より、我〔日本軍〕に向って要求し、互に押問答の末、遂に両軍の間に兵火相見ゆるに至り〔交戦状態になり〕、両軍の間に停車中なりしチエック軍隊は、支那軍と一味となりて我軍に敵対行為を取る事となれり。我軍は有利の地点に退却して、そこより敵に向って猛射を浴びせかけ、一時猛烈なる戦闘を演じたりしが、間も無く休戦せり。……チエック軍の死者一、負傷将校一、下士卒十二。チエック軍はセミヨーノフ軍を日本が援助せしものと信じ、日本の行為を怨み居れり。

同じ欄の別の記事（「日支両軍衝突事件」）は、この事件の背景について次のように解説している。

唯我軍〔日本軍〕より帰還輸送を援助せられつつあるチエック軍が、支那軍に味方して我と交戦せるは異様の感あるも〔奇妙に思われるが〕、亦此の事なしと断ずべからず〔そういうことがないと、断言することもできない〕。固《もと》よりチェック軍の首脳部に於ては、我軍と十分の了解あるも、其の最後尾にある一部チェック軍に於ては、セミヨーノフ軍〔チタを拠点とする反ボリシェヴィキ勢力〕との犬猿啻《ただ》ならざる〔ひじょうに険悪な〕関係上、日本軍はセミヨーノフ軍を使嗾して、帰心矢の如き彼等〔一刻も早く帰国したいと願っているチェコスロヴァキア軍〕をして、帰還輸送を遷延《せんえん》せしむる〔引き延ばしている〕ものなり、との誤解あるを以て、或は此等の関係上、我守備隊の少数なるに乗じ、支那側に味方したるものにあらざるかと思わる。

つまり『東京朝日新聞』の論説委員は、日本軍はチェコスロヴァキア軍の帰還輸送を支援しているので、両軍が衝突したことは奇妙に思われるが、同軍の一部は日本が、同軍と敵対関係にあるセミョーノフ軍をそそのかして、チェコスロヴァキア軍の帰還輸送を引き延ばしていると誤解して、ハイラルの日本軍守備隊が少数であることに乗じて、中国軍に味方して参戦したのではないか、と推測している。

次に四月十七日付けの同紙の、「チエック軍横暴、我軍腹背を脅威さる」というセンセーショナルなタイトルがつけられた続報を読んでみよう。

〔四月十一日にハイラル駅で〕何れより為せるか爆弾破裂し、過激派及びチエック軍に負傷者を出し混雑中、チエック軍は我軍に対し射撃を開始せるより、我軍亦之に応戦したるも、咄嗟の際にて、我特務曹長以下戦死二、負傷十数名を出し、我停車場司令部及通信機関は、チエック軍に占領せられたりとの急報に依り、満州里より連隊長の指揮する兵士一個大隊、機関銃射撃砲を附し、装甲列車にて急行したり。前便海拉爾に於ける日チ軍衝突の際、戦死せる我将卒〔将校と兵士〕の死体を検《けみ》するに〔検査すると〕、チエック軍の為蹂躙せられたる〔踏みにじられた〕痕跡歴然たるものありて、非常なる凌辱を加へられたり。文明を衒《てら》う〔文明的だと自慢している〕チエック軍にして、過激派、支那兵、馬賊以下の残虐を敢てせり。

この記事は、チェコスロヴァキア軍が戦死した日本軍兵士の死体を「陵辱した」と主張して、明らかに同軍に対する嫌悪感と敵意を煽っている。「文明を衒う」という形容句には、底意地の悪い悪意が込められている。

翌四月十八日の『東京朝日新聞』は、「チ軍武装解除、チ軍指揮官謝罪、支那側の質問」というタイトルで、事件のその後の展開について「海拉爾事件に対しチエック軍の横暴なる、特電の如くなるが、我軍は直に満洲里より増援隊を派遣して之を鎮撫〔制圧〕し、チエック軍の武装を解除せり。我軍の死傷は戦死四、負傷二十に及べるが、チ軍指揮官は今回の事件に対し、深く謝罪の意を公表せり」と報じた。続く四月十九日付けの記事「日チ衝突落着」は「海拉爾に於ける日本軍とチエック軍との衝突事件は、〔四月〕十三日支那側の調停により、チエック軍が、日本側より提供せるチエック軍の弾薬全部を、日本軍に交付し、チェック軍より謝罪すること、再び過激派を援助せざることを承認して、落着せり」としている。

四月二十一日付けの『東京朝日新聞』は「海拉爾事件後報」と題して、この問題が「一件落着」した様子を、次のように報じている。

海拉爾事件の善後策に関し、第五師団長〔鈴木荘六〕は事件の拡大を防止し、事を地方的に解決する為、〔四月〕十三日、事件に関係あるチエック軍一部の武装解除、及び當時我軍に対し発砲したる装甲車〔オルリーク〕並に手榴弾の引渡を要求し、折衝の結果チ軍の容る所となり、同夜実施を完了せり。尚同夜、日、チ、支三国代表者會見し、日本側より、(イ)今回の事件は曲《きょく》〔責任、の意味〕チエック軍にあること、(ロ)謝罪文を出すこと、(ハ)爾後鉄道沿線に於て、過激主義者を援助せざること、(ハ)《ママ》速に海拉爾を出発すべき、とを要求して、之を承諾せしむ。此會見に際し、米国、武官之《ママ》[☆2]に加はらんことを申込たるも、拒絶せり。翌十四日「チ」軍代表者より謝罪の意味を含み、将来此の如き事件を発生せしめざる保証を領収す。[☆3]

以上の新聞報道に基づいて、日本側のハイラル事件報道の要旨をまとめてみると——

(一)四月十一日に中東鉄道のハイラル駅で、日本軍が逮捕したロシア人「過激派」の処遇を巡って、日本と中国のあいだで武力衝突があった。

(二)その場に居合わせたチェコスロヴァキア軍は中国軍に味方して、日本軍と交戦した。衝突自体は二、三時間で沈静し、死傷者は双方ともわずかだった。

（三）四月十三日に日本軍は、チェコスロヴァキア軍の装甲列車「オルリーク」と手榴弾の引き渡しを要求し、折衝の結果、同軍はその要求を受け入れた。
（四）四月十四日に日本軍は、チェコスロヴァキア軍に謝罪文の提出を求め、同軍はそれを提出した。

つまり日本側の新聞報道によれば、ハイラル事件は発生してから数日後に、チェコスロヴァキア軍側の「謝罪文」提出によって、一件落着したことになっている。

Ⅱ　陸軍参謀本部の「総括」

以上がハイラル事件に関する日本のマスコミの、同時進行的な報道のあらましである。それでは一九二四年（大正十三年）に、陸軍参謀本部が編纂した三巻の大部の公式記録『大正七年乃至十一年　西伯利出兵史』では、この事件をどのように記述しているだろうか。

まず四月十一日の戦闘について――

……三月中旬革命運動に際し、支那軍の為武装解除せられたる露国過激派は、依然裏面に於て活動するのみならず、「チェック・スロワック」軍とも往復しつつあり〔連絡を取り合っていた〕。是に於て〔ハイラル〕守備隊長歩兵少佐吉田彦治は、四月九日治安維持の為、我憲兵隊を援助して、過激派首領と認むべき者八〔人〕を捕縛し、同時に支那側に通告して、其諒解を求め尋て、十一日午前七時、其六〔人〕を満州里に押送せんが為、列車に乗車せしめしも、支那側の妨害する所と為りて、発車するを得ず。〔第二十一旅団長〕細野〔辰雄〕少将は右情況を知り、強て護送することなく海拉爾に監禁し、時機を待つべき旨を注意せしかば、吉田少佐は輸送を中止し、守備隊に監禁せんとせり。時に〔午後〕七時頃にして、當時停車場には「チェック・スロワック」軍兵卒、鉄道従業員及一般露人多数群集し、不穏の言動ありしかば、支那官憲をして群集を解散せしめんとし交渉中、停車場の情況益《ますます》険悪と為りしを以て、交渉の結果を待つことなく、第十中隊の一小隊を停車場に派遣し、朝来〔朝から〕停車場に在りて警戒に任しありし第九中隊（一小隊欠）と共に、拘禁者を卸下護送せしめたり。

護送隊は午後八時頃拘禁者を下車せしめ、行進を起こすや、之に随従しありし群集中より、護送隊に対し拳銃を発射し、又手榴弾を投し、拘禁者を強奪せんとする者ありしかば、此に争闘を惹起するに至り〔戦闘がはじまり〕、停車場に在りし支那軍及「チェック・スロワック」軍亦我に向い射撃を開始せしを以て、我護送隊之に応戦し、我守備隊亦逐次戦闘に加入せしが、午後十一時漸次沈静に帰せり……。此争闘に於ける我死傷、戦死〔兵〕卒二〔人〕、負傷下士卒二十七〔人〕なり。☆4

ここでは事件の発端となった「過激派首領」の逮捕にいたる背景が説明され、事件の直接のきっかけが、ロシア人「群衆」の側からの武力行使にあったことが明言されているが、中国軍とともにチェコスロヴァキア軍も、日本軍に対して銃撃した、と主張している点は、同時代の新聞報道と変わらない。

いっぽう四月十三日の装甲列車と武器の引き渡しについては「石川〔忠治〕大佐以下増援隊は〔四月〕十三日午後零時三十分、海拉爾西方高地に達して下車し、石川大佐は「チェック・スロワック」軍代表者と会見し、我に損害を与えたる装甲列車「オルリック」号、及手榴弾全部の引渡を要求して、之を認容せしめ〔認めさせて〕、午後七時其受授を了れり☆[5]」と記述している。

翌四月十四日の「謝罪文」提出に関して『西伯利出兵史』は、そこにいたる前日来の経緯を詳しく記述して、その末尾でこう述べている。

> 翌日〔四月十四日〕時乗〔壽〕少佐は、石川大佐の代理として「チェック・スロワック」代表者を訪い、携行せる公文を示して署名を要求せるも、前日の如き議論を反復して、署名を肯せざりしも、強硬なる談判の後、我要求には合せざるも、●に在海拉爾「チェック・スロワック」軍指揮官〔守備隊司令官ルドルフ・ヴィエスト少佐〕、及在満州里「チェック・スロワック」代表者〔アドルフ・ビチシチェ大尉〕の署名せる左記文書を提出せり。
>
> 千九百二十年四月十一日海拉爾停車場に於ける事変は、仔細に尋究〔調査〕せられ、且其文書類は相互の意見の交換、及実証の提供に依りて、最後の結果として最後の判定を与えらるべき哈

爾賓へ送付せり。／吾人は連盟なる日本帝国の軍隊が、損害を受けたる事変の生起せるは、吾人の甚だ悲しむ所なり。／吾人の撤退中、当海拉爾停車場に於てのみならず、随所厳正中立と厳正なる節制を守り、併せて万一、日本帝国軍と露国地方政治団体と争闘するが如きことありと雖《いえど》も、是等の政治団体に接触し、若くは干渉することを避くべき旨、全員に命令しありしことを了解せられんことを乞う。／前記命令は我将校及兵士等に依り、厳正に遵奉せらるべきは素より、吾人の将来に於ても、厳正に守るべきことを保証す。☆6

以上が、残された資料に基づいて再構成した、日本側から見たハイラル事件のあらましである。

Ⅲ　チェコスロヴァキア側の報道と記録

つぎに『チェコスロヴァキア日刊新聞』紙上での、ハイラル事件に関連する報道を見てみよう。同紙にはハイラル事件関係の記事が十六編（未確定）掲載されている。それらの記事の記述を総合してみると、同紙が描くハイラル事件の概要は、概ね以下の通りである。

一九二〇年四月八日、満州領内の中東鉄道（東支鉄道）沿線のハイラル（海拉爾）駅で、日本軍は八人のロシア人鉄道従業員（数には異説あり）を逮捕して、四月十一日に満州里に連行しようとした。これに憤激したロシア人の鉄道従業員が、連行を妨害した。日本軍は同日晩に、逮捕された者たちを車両から自軍の兵営に移動させることに決めた。その途中で群衆のなかから何者かが、日本軍の護送隊に手榴弾を投げつけ、日本軍は人々に向けて小銃と機関銃で射撃しはじめた。中国軍が応戦した。チェコスロヴァキア軍は、中立を守るようにという命令に従って、軍用車両内に留まり、戦闘に参加しなかったが、二人の死者と九人の負傷者を出した。

四月十三日、満州里方面から到着した日本軍が、事件に関与したとして、装甲列車「オルリーク」の引き渡しを要求した。チェコスロヴァキア軍代表は「現実の軍事情勢と、おもに外国〔中国〕の領土で大帝国の軍隊〔日本軍〕とのあいだで、いったん戦端が開かれた場合の予測できない結果を考慮して、抗議しつつ〔日本軍の〕最後通牒に従う決定を下した☆7」

さらに翌四月十四日に日本側は、チェコスロヴァキア軍に謝罪文の提出を要求した。『日刊新聞』の論説記事によると、「日本軍は、もしも我々〔チェコスロヴァキア軍〕が〔日本側が持参した声明に〕署名しなければ、そうするように我々に強制する、と脅迫したので、わが軍代表は、そうした声明を自分で作成することに同意した☆8」。そしてチェコスロヴァキア側は、次のような文面を作成して、それに署名した。

ハイラル駅で一九二〇年四月二〔十一？〕日に発生した事件は詳細に審査されて、書類はハルビンに送られ、そこで相互の意見交換と事実確認の後で、最終的決定が下される。我々は本当に、かかる事件が発生して、わが軍と連合国側の〔日本〕帝国軍が損害を被ったことを、ひじょうに遺憾に思っている。あえて貴官にお伝えするが、わが軍の撤収の全期間中、ここハイラル駅でも、チェコスロヴァキア軍は中立を厳守するように命令を与えられており、日本帝国軍と現地のロシア諸党派のあいだで衝突が生じた場合、双方の側とのあらゆる関与と接触を避けるように、厳しく監視されていた。我々は、将校と兵士たちが上述の命令を厳格に遂行するように、厳しく配慮することを請け合う。☆9

この記事の筆者ヨゼフ・クデラは、この文書は遺憾の意の表明ではあっても、事件に対する責任、つまりチェコスロヴァキア軍が戦闘に参加したとは認めておらず、謝罪もしていない、というコメントを添えている。なおこの「謝罪文」の文面は、一九五―一九六頁で引用した『西伯利出兵史』中の記述内容に、ほぼ対応している点に注意を促しておきたい。

『チェコスロヴァキア日刊新聞』に掲載されたアントニーン・パヴェルの論説「他人の土地、他人の利害関係」（一九二〇年四月二十日、六六〇号、ポグラニチナヤ☆10）は、ハイラル事件について次のように論評している。

ハイラルで四月十一日に起こったことは（私は四月十三日の「オルリーク」事件については語

らない）、満州鉄道の駅のいくつかで、いつなんどき繰り返されるかもしれない。圧迫は反発を呼び起し、日本軍はここで、ロシア人を手加減しないことを示した。日本人の目には、ホルヴァート派やセミョーノフ派でない者はボリシェヴィキであり、つまり敵なのだ。わが軍（チェコスロヴァキア軍）のように厳正中立で日本軍の側に立たず、ぎゃくに中国当局に、自国領域では彼らが秩序と国家主権を遂行するように求める者、直接にストライキを唆して、それによってわが軍の移動にブレーキをかけるような戦術を、だれにも許さないように、（ロシア人）労働者に対して求める者は――少なくとも「左派」に共鳴していると疑われて、それによって我らの東方の「保護者」（日本を暗示）の不興を買うのだ。

日本側の報道とチェコスロヴァキア側の記述を比較して見ると、ハイラル事件の基本的な事実関係の流れについては、認識上に大きな差異はない。食い違っているのは次の三点である。

第一点、四月十一日の戦闘にチェコスロヴァキア軍が参加したかどうか、

第二点、四月十三日の装甲列車オルリークなどの引き渡しが、合意の上であったのか、強制だったのか、

第三点、四月十四日のチェコスロヴァキア側の「謝罪文」が、実際にそういう内容のものだったかどうか。

ここで、ハイラル事件の細部を伝えるチェコスロヴァキア側の文書を、二点紹介しておきたい。いずれもチェコ共和国の軍事歴史文書館（プラハ、ルジニェ）が所蔵するファイル「ハイラルと「オルリーク」」に収められたものである。

一通目は、「本年四月十一日―十三日のハイラル事件の短い説明」と題された報告書（チェコ語、七枚のタイプ打ち原稿、未公刊☆11）で、筆者は、チェコスロヴァキア共和国国防省軍事使節団の団長として、一九一九年暮れにシベリアの軍団のもとに派遣されて、たまたまハイラル事件の現場に居合わせたヴァーツラフ・コパル中佐（一八八二―一九三五）である。「ハルビン、一九二〇年四月」の日付が打たれたこの報告書は、ハイラル事件を描写する際のチェコとスロヴァキア側の基本資料とされていて、近年の研究文献においても、ジェイミー・ビッシャー、ダニエル・ロフマン、マルチン・ホシェクがこれに依拠している☆12。その主要部分を訳出しておく。

その日（四月十一日）は「パスハ（復活大祭）」だった。午後に鉄道駅で中国の軍楽隊が、その後すぐにチェコスロヴァキアの第十二連隊の軍楽隊が演奏し、多くの聴衆がホームの上に集まった。彼らのあいだには、ロシア人のもとで「復活大祭」のとき、つねにそうであるように、かなりの数の酔ったロシア人労働者がいた。晩の八時前に、第十二連隊の軍楽隊がコンサートを終えたとき、いきなり鉄道駅に、日本兵の哨兵線（約二個小隊）が姿を現わして、逮捕された者たちの車両を取り囲み、彼らを外に連れ出した。彼らを真ん中にして、どこかわからないところに連行しようとした。民間人の群（彼らのあいだには　逮捕された者たちの肉親、女と子供がいた）は、哨兵線の後を追った……。群衆は、逮捕された者たちはダウーリアに連行されて、そこで処刑されると確信していた。

全員が、チェコスロヴァキアの梯団の西端のまわりに押し寄せた。チェコの梯団は、鉄道駅の南側に集められていた。装甲列車オルリークは、その他のチェコの梯団から、中国軍兵士の梯団によって隔てられていた。チェコ軍兵士たちは、自分たちの梯団のまわりを連行される捕虜たちを眺めていた。

群衆は囚人に向って、君たちを渡さないと叫び、囚人たちは群衆の方に、助けを求めていた。目撃者たちが作成した調書によると、最後に群衆のなかのあるロシア人が、「やってしまえ」と叫んで、その直後に連発拳銃で日本兵たちを銃撃した。それに対して日本の憲兵が、逮捕された者たちのあいだに手榴弾を投げたという。別の目撃者は、ロシア人たちが二発ほどの手榴弾を投げた、と主張する。

日本軍はただちに散兵線に分かれた。彼らは走り去って、遠くから群衆めがけて射撃しはじめた。群衆のなかにはたくさんの子供もいたが、彼らは鉄道駅の建物の方に駆け戻り、梯団のあいだを走り回っていた。このとき大部分のチェコ人は、なにが行なわれているのか分からなかった。軍事使節団長〔ヴァーツラフ〕コパル中佐と、第三師団司令部長〔ラジスラフ〕クヴァピル少佐は、ただちにチェコの梯団のあいだの、すべての空間を巡回した。通常の歩哨が立っているのを見ると、ただちにチェコの歩哨の増強を命じて、だれもなににも関与しないように、厳格な命令が出された。チェコの梯団に向かって射撃される場合でも、反撃してはならない。将校たちは、事態が明らかになるまで、人々に注意するように命じられた。巡回の際に、アメリカのコルビー少佐の車両のまわりも巡って、少佐と言葉を交わした。最初の混乱の際に、チェコの梯団のあいだに駆け込んだすべての民間人には、ただちに立ち去るように命じられた。小銃と機関銃からの銃撃は、約一時間以上続いた。銃撃が聞こえたのは、日本軍が立ち去った方向の、中国軍の兵営からだった。狙いを定めずに撃っている中国兵の姿が見かけられた。チェコスロヴァキアの梯団の西の端の、何両かが撃ち抜かれた。一人のチェコ人将校[☆13]と一人のチェコ人兵士が殺され、七人の兵士と一人のチェコ人義勇兵の妻が負傷した。何人かの負傷者は暖房貨車のなかに、別の者たちは、自分の梯団の傍らにいた。それについて調書が作成された。日本軍司令部からは、何が起こっているのか説明するために、だれもやって来なかった……。

　銃弾が、梯団の空間のあいだでたえず唸りを立て、負傷者がいたにもかかわらず、チェコの梯団からはまったく銃撃されず――チェコ人兵士たちは命令に従って平静を保った。

同じ軍事歴史文書館のファイル「ハイラルと「オルリーク」」に収められた、事件の細部を伝えるもうひとつの資料は、装甲列車「オルリーク」の司令官ヤン・ハーイェク大尉の証言である。五月十二日にウラジヴォストークで作成された調書（スロヴァキア語、五枚のタイプ打ち原稿、未公刊）[☆14]のなかで、ハーイェクはこう証言している。

四月十一日の朝方に、私の予備の梯団の隣に、旅客列車の姿が見えて、その後尾には日本の警備隊に取り囲まれた車両が繋がれていた。私は情報を受け取って、これは逮捕された鉄道従業員たちで、彼らはダウーリアの野戦法廷に連行されるはずであることを知った。私はまた、鉄道官吏たちが、逮捕された者たちを乗せた列車を出発させたがらないことを知った。

晩頃に私は車両に座って、第三師団経理部のトレフニー中尉と話をしていた。突然恐ろしい銃声が響いたが、そのなかにはっきりと、手榴弾の爆発音が聞き取れた。私は連発拳銃を握って、車両の昇降段に走り出た。この瞬間に私の予備の梯団と、第十二連隊第一大隊の梯団のあいだの空いている線路の空間を、多数の我々の兵士と住民が走っていた。同時にこの空間に、機関銃と小銃の射撃が浴びせかけられていた。なにが起こっているんだ、という私の叫び声に対して、「日本人が我々を射撃している」という声が聞こえ、みなが車両と車輪の陰に身を隠した。この射撃のなかで私は車両から駆け下りて、梯団の周りを走り、全員に装甲列車に行くように、と叫んだ。私と同時に、射撃からの避難所を探していた別の部隊の多くの兵士たちも走っていた。このとき装甲列車は、鉄道駅の東の転轍機に停車していた。私が「オルリーク」に駆け寄ったとき、先に行くほど射撃は、それだけますます激しくなった。私は、装甲列車とともに退去するように指令して、自身で転轍機を操作して、私の梯団と第十二連隊第一大隊の梯団のあいだの空いている線路を、装甲列車の一部とともに、私の梯団の西の端に到着したが、そこは強力な銃火に晒されていた。

この時刻にはもう暗くて、〔装甲〕列車が動き出すと同時に、列車を照らし出すモーターが始動された。……私が我々の梯団の西の端に着いたときも、銃撃は静まらず、装甲列車はすべての他の梯団と同じく、銃火の領域内にいた。すべての側から装甲列車に向けて射撃されていた。中国人は、左手の前方にあった自軍の兵営からだけでなく、チェコの梯団のあいだに停車していた〔自分たちの〕梯団からも撃っていたことが証明されている。我々はひじょうにしばしば、ちょうどこの中国の列車からの弾丸の反響と射撃を耳にした。日本人がいなかった左側からの射撃がひじょうに強かった。私自身が装甲列車のなかにいて、中国人が撃っているとしばしば指摘し、兵士たちにこの事実に注意を促した。この事実を確認するために、私は探照灯で、中国人が占拠していた地区を照らし出させた。探照灯は約三十秒間照らした。装甲列車への射撃と銃撃がなされていたときに、私は装甲列車の周囲をまわるか、あるいは、そもそもだれが我々の梯団に向かって撃っているのか、確認するために、装甲車両の砲塔から外を覗いた。照らし出された区域を観察しているとき、私は手に負傷して、包帯をするために立ち去った。「オルリーク」からは、小銃、機関銃、砲からも、あるいは手榴弾による一つの攻撃もなされなかった。装甲列車はなお約五十分、その場所に停車して、それから私の梯団の中央の、私の車両の方に移動された。負傷後に、私はなお師団司令部に立ち寄って、それからもう一度装甲列車に戻って、たとえもっとも深刻な状況であっても、武器を使用することを明瞭に禁じた。……

もう一度私ははっきりと、私の兵士たちは言葉によっても、武器によっても、事件に関与しなかったことを記録する。

ここでハーイェクの証言を詳しく紹介したのは、日本側の文書では、装甲列車「オルリーク」が銃撃戦に「参加」したことに、かならず触れているからである。たとえば『西伯利出兵史』では、四月十一日の衝突事件でのオルリークの「関与」について――「……「チェック・スロワック」及露人群衆は、我警戒兵の両側及後方より、拳銃を以て射撃を開始し、更に「チェック・スロワック」軍装甲列車「オルリック」号は我守備隊方向に向い、約二、三十秒を間して三発の砲弾を発射し……。午後九時に至るや「チェック・スロワック」軍装甲列車「オルリック」号は、其探照灯を以て約三十分間に亙《わた》り、我守備隊方向を照射し、依然戦闘を継続せしも、午後十一時に至り彼我の射撃漸次沈静し……[☆15]」と述べている。

「「オルリーク」からは、小銃、機関銃、砲からも、あるいは手榴弾による一つの攻撃もなされなかった」のか、それとも「「オルリック」号は我守備隊方向に向い、約二、三十秒を間して三発の砲弾を発射し」たのか、オルリークの探照灯が照射したのは「約三十秒間」だったのか、それとも「約三十分間」だったのか、芥川龍之介の短編小説「藪の中」さながらの展開になっている。ちなみに現場に居合わせたという日本人の郵便局長橋本定二はこの点について、「チエツコ軍は絶えず探照燈を廻転し、我軍の配置及び行動を偵察す、一度此魔光に射られなば、目忽ち幻惑し、暫時茫然自失せざるを得ず。実に恐るべき武器と謂うべし。且〔かつ〕敵は装甲列車より大砲を放つも、我軍は歩兵の悲しさ、それに対抗すべき何等の砲を持たず[☆16]……」という「慨嘆調」の証言を残しているのだが……。

V　地図に示された現場の様子

状況を具体的にイメージする手がかりとして、ファイル「ハイラルと「オルリーク」」に収録されている現場の状況を示した地図を二枚、ご披露しよう。

【図1】はハイラル駅構内の概要図である。チェコ語の書き込みによると、上部の二つの四角は「ハイラル駅」の建物を、その下に引かれた十一本の横棒は、鉄道駅構内の線路を示す。いちばん上の横線は「旅客列車」の停車位置を示し、右手の四角は「囚人を乗せた暖房車両」とある。一本置いたその下の横線は装甲列車「オルリーク」のためのスペース、チェコスロヴァキア軍団の「第十二連隊」の梯団、「中国軍の梯団」の位置を示し、下の六本の横線はすべて軍

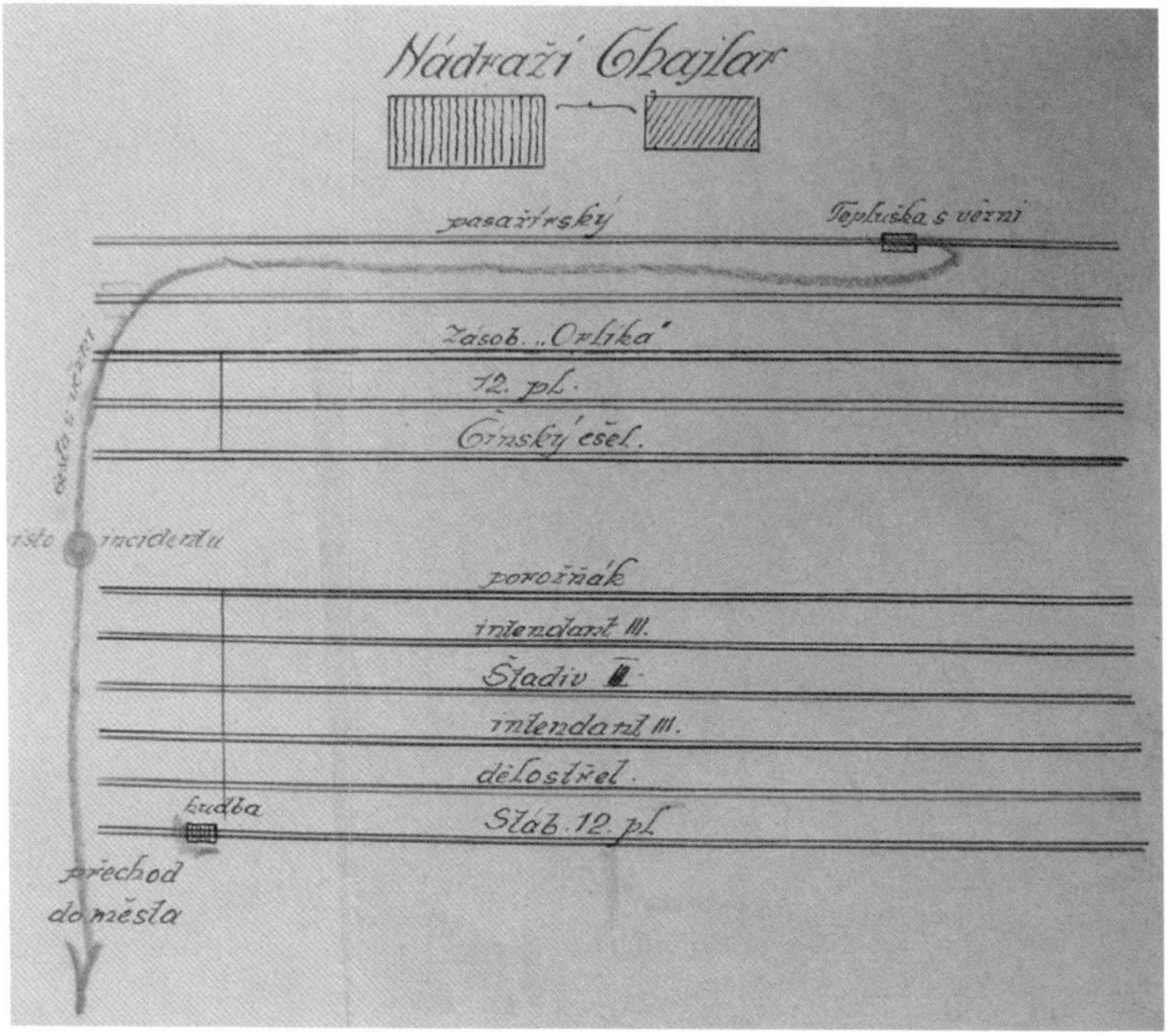

図1　ハイラル駅構内の概要図

団の梯団である。最上段の横線上の暖房車両から引かれた線は、日本軍による逮捕された者たちの連行経路で、左端の丸が衝突事件の発生現場、下方に向う矢印はハイラル市街への通路を示す。最下段の左手の四角は、おそらく軍団の第十二連隊の「軍楽隊」がいた場所である。

【図2】の地図も、同じファイル「ハイラルと「オルリーク」」のなかで見つけたものだが、よく見ると日本語で書かれている。次章で触れるが、一九二〇年五月末—六月中旬にハルビンで開かれた日本＝中国＝チェコスロヴァキア調査委員会の席上で、日本側から提

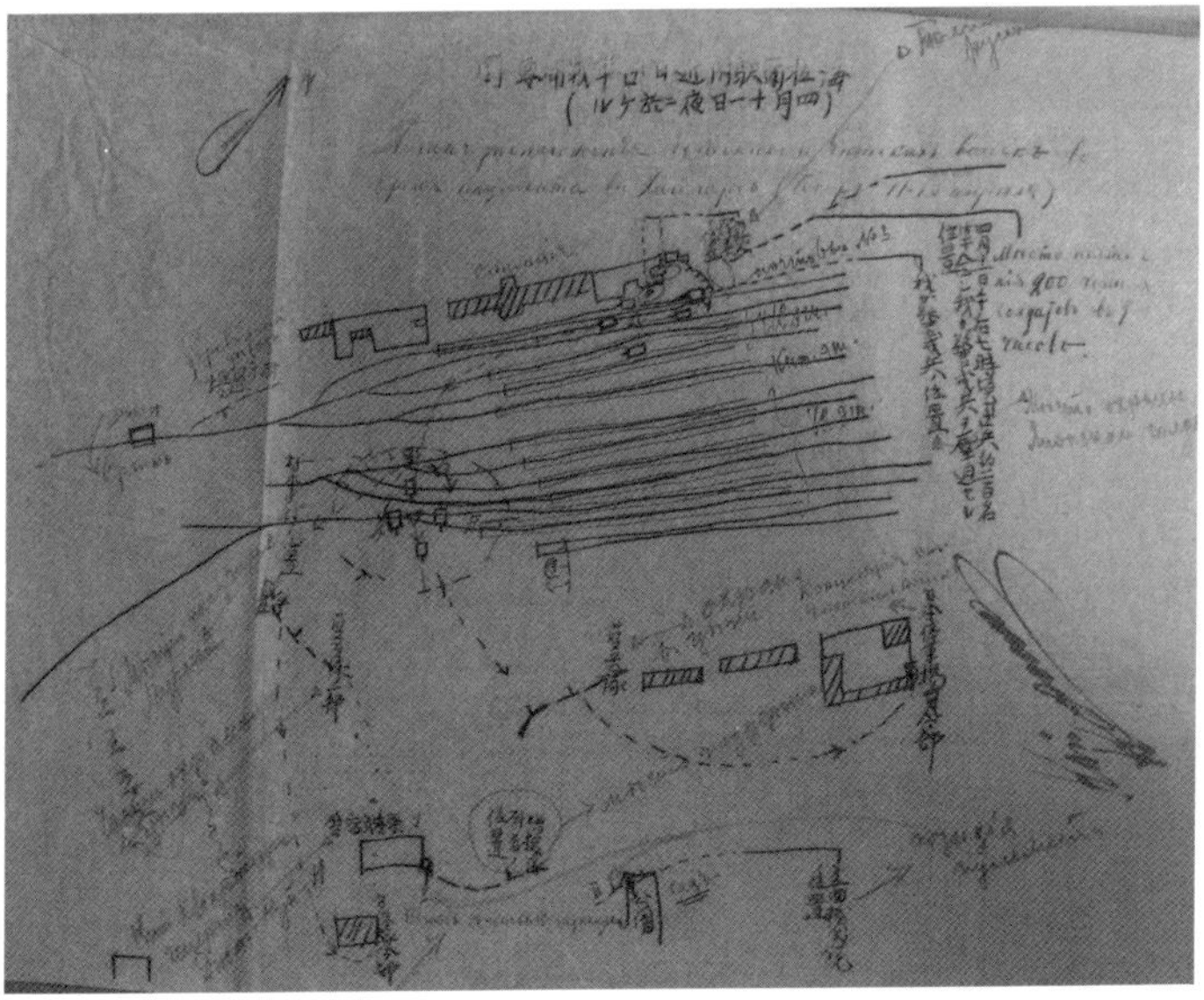

図2　図1と同じように、ハイラル駅構内の概要図がより詳しく描かれている

出された資料のようだ。

【図1】と同じくハイラル駅とその構内の様子が、より写実的に詳しく描かれている。文字が小さくて読み取りにくいが、拡大して目を凝らすと、最上段のタイトルは右から左へ横書きで、「海拉爾駅付近日「チ」軍戦闘要図（四月十一日夜ニ於ケル）」とあり、右手の縦書きの文字は、「四月十一日午后七時頃「チ」兵約二百名／集合シ我カ警戒兵ヲ壓迫セル／位置」、その左手は「我ガ警戒兵ノ位置」と読める。鉄道駅の建物の右手の文字は、「露人（ロシア人）群衆ノ位置」、建物の左手には赤字で、「材木置場」、「オルリク」と書かれている。

暖房車両から破線で示されているの

は、逮捕された者たちの連行経路、円で囲われているのが衝突現場だろう。その横の文字は「村木中尉ノ位置」と読める。衝突現場から下方に向う破線は、おそらく事件発生後の日本軍の退却経路と、銃撃した位置を示すものだろう。「コパル報告書」で、「ロシア人の群衆が駅の建物の方に駆け戻った」、あるいは「軍団の梯団の西の端の車両が銃撃された」という状況を、この地図によって具体的にイメージすることができる。

地図の下段には「日本停車場司令部」、「警備隊（?）」、「警備隊（?）ノ一部」、「第二回（?）機関銃ノ位置」、「公園」、「増援隊到着ノ位置」、「〔支那鎮守使〕張奎武〔少将〕宿舎」、「守備隊本部」などと書かれている。それぞれの日本語表記のそばに、ロシア語の翻訳が添えられているのは、調査委員会の席上で証拠として使用するためのものだろう。地図中に「村木中尉ノ位置」という表示があるので、調査委員会に証人の一人として出頭した村木謙三中尉の筆になるものかもしれない。

本章で検討した日本側とチェコスロヴァキア側の資料を比較して言えることは、事件の具体的な成り行きについては、認識上で大きな相違は認められず、事件の基本的な流れは一致していることである。違っているのは、チェコスロヴァキア軍が銃撃戦に参加したか否か、に絞られる。日本側は参加したと記録し、チェコスロヴァキア側は参加していないと主張する。実はこの点が、次章で触れるハルビンでの三者調査委員会の最大の争点であり、先廻りして言ってしまうと、この「謎」、芥川龍之介にならって言えば「藪の中」は、今日にいたるまでしかるべく解明されていない。

□注

☆1　ハイラル事件についての日本語の基礎文献は、事件発生直後の一連の新聞報道、外務省外交史料館の「露国革命一件」に収録された報告書「海拉爾事件ノ顛末」など一連の文書と書簡（この文献は麻田雅文氏（岩手大学准教授）に提供していただいた。記して感謝する）、本章でしばしば引用する『大正七年乃至十一年　西伯利出兵史』（中）（参謀本部、大正十三年（一九二四年）三月、復刻版一九七二年）、『西伯利出兵憲兵史』（憲兵司令部、（一九二八年）、復刻版一九七六年）、『靖国神社忠魂史』第五巻（一九三四年、復刻版平成十八年（二〇〇六年））、橋本定二『海拉爾遭難記：別名再生記念号』（一九三五年）などである。ハイラル事件に言及している研究文献としては、林忠行「チェコスロヴァキア軍団──未来の祖国に動員された移民と捕虜」、『第一次世界大戦　2　総力戦』（岩波書店、二〇一四年）、同『チェコスロヴァキア軍団──ある義勇軍をめぐる世界史』（岩波書店、二〇二一年）がある。後者はハイラル事件に二頁弱の記述を割いている（二三三─二三四頁）

☆2　アメリカのロシア鉄道奉仕軍団（RRSC）のD・S・コルビー少佐をさす。

☆3　『国民新聞』の四月二十一日号にも、「海拉爾衝突事件解決　チエック軍謝罪状提出」と題して、同じ内容の報道がある。

☆4　参謀本部『大正七年乃至十一年　西伯利出兵史』（中）、七二四頁。同書には七二三─七二四頁と九四九─九五〇頁に、ハイラル事件についての記述がある。

☆5　同上、七二四頁。同書の九五〇―九五一頁には、より詳細な記述がある。

☆6　同上、九五一頁。この「謝罪文」については、『国民新聞』の一九二〇年四月十九日号に「チエック軍の陳謝、日本軍に対する暴行に就て」というタイトルのもとで、全文が掲載されている。

☆7　「ハイラル事件」（一九二〇年四月十七日、六五八号、イミャニポ〔一面坡〕）Případ v Chajlaru, *ČSD*, 17. dubna, 1920, č. 658, Imjaňpo　この記事の筆者はアントニーン・パヴェル。

☆8　「第三のハイラル事件」（一九二〇年五月六日、六七一号、ウラジヴォストーク）Třetí chajlarský incident, *ČSD*, 6. května, 1920, č. 671, Vladivostok

☆9　同上。

☆10　Cizí půda, cizí zájmy, *ČSD*, 20. dubna, 1920, č. 660, Pograničnaja

☆11　Vojenský historický archiv (VHA), Chajlar a "Orlik ". Inventař bron. "Orlika. Protokoly Česko-Japonsko-Činské sekce. Různá korespondence. Celkem 299. listů〔軍事歴史文書館、「ハイラルと「オルリーク」」、装甲列車「オルリーク」の備品一覧、チェコ＝日本＝中国部門の議事録、さまざまな通信文、全部で２９９枚〕。請求番号〔Značka：Složka Chajlar, Období：Št-DV, Č. krabice 14〕Charbin, dubna 1920, Náčelník podplukovník Kopal; Krátké vysvětlení události v Chajlaru ve dnech 11. -13. dubna t. r.

☆12　Bisher, Jamie: White Terror, *Cossack warlords of the Trans-Siberian*, Routledge, London – New York, 2005. pp. 251-255; Lochman, Daniel: Chajlarský incident aneb Čechoslováci a Japonci na Sibiři. Historie a vojenství〔「ハイラル事件、あるいはシベリアのチェコスロヴァキア人と日本人」、『歴史と軍事』〕58 (2009), č. 4, str. 47-53; Hošek, Martin: The Hailar Incident: The Nadir of Troubled Relations between the Czechoslovak Legionnaires and the Japanese Army, April 1920. *Acta Slavica Iaponica*, 29 (2011). 103-122

☆13　『日刊新聞』に掲載された追悼記事「第十二M・R・シチェファーニク歩兵連隊第三機関銃中隊から」（一九二〇年五月五日、六七〇号、ウラジヴォストーク）Ze 3. kulometné roty 12. stř. pluku M. R. Štefánika, *ČSD*, 5. května, 1920, č. 670, Vladivostok によると、事件に巻き込まれて死んだ将校は、「第十二歩兵連隊第三機関銃中隊第二小隊長ヴァーツラフ・ザダーク少尉」である。少尉は「たまたま軍用列車の最後尾にいて、心臓を撃ち抜かれた」。「中隊は、良心的で勤勉でひじょうに愛すべき将校を失ったが、彼は今日までの全期間、後衛部隊にいて、つねに兵士たちの入念な良き助言者だった。自由なチェコスロヴァキア共和国と、生まれ故郷である母なるプラハへのまもなくの帰還と、そこに住む近親者たちとの再会を思い浮かべて、楽しみにしていたが、しかし不幸な偶然が彼の思いを打ち砕いた」。

ネット上のデータベース「軍団兵のリスト」Seznam legionářů http://legie100.com/krev-legionare(二〇二二年二月二日にアクセス)によると、ヴァーツラフ・ザダークは一八九六年プラハ生まれ。故郷で商業アカデミーを終えて、銀行員を務めていた。一九一五年九月にタルノーポリでロシア軍の捕虜になり、一九一七年八月に軍団の第五連隊に入隊。なおこのデータベースは、ザダークは一九二〇年四月十一日に「戦闘で倒れ」て、このとき第十二連隊の上級中尉だったとしている。

☆14 Vojenský historický archiv (VHA), Chajlar a "Orlík", Protokol ohľadne incidentu v Chajlaru z 11.-ho Apríľa, napisaný dňa 12. Mája 1920. Veliteľ pancerovaného vlaku "Orlík" kapitán Ján Hájek vyslovuje ヤン・ハーイェクはチェコ人だが、この調書はスロヴァキア語で作成されている。ハーイェクの伝記データについては、ルカショーフの論文(第七章、注1を参照)の一七〇頁に記述がある。

☆15 前掲書、九五〇頁

☆16 橋本定二『海拉爾遭難記:別名再生記念号』(一九三五年、二七頁)

第七章　ハイラル事件（その二）

——装甲列車オルリークと三者調査委員会

I　軍団の誇り――装甲列車オルリーク

前章で見たとおり、チェコスロヴァキア軍団の装甲列車オルリークは一九二〇年四月十三日に、いったん日本軍に引き渡される。その後、本章で述べるように、軍団と日本軍司令部のあいだで緊迫したやりとりが交わされて、結局ほぼ一ヶ月後の五月十五日に、ハルビン駅で軍団側に返還される。

だがそもそもこの装甲列車はどこで製造されて、なぜチェコスロヴァキア軍が所有することになったのだろうか。ロシアの軍事史研究者ミハイル・ルカショーフ[☆1]によると、この装甲列車は第一次世界大戦中の一九一五年九月に、ロシア人技師M・B・コローボフの設計に基づいて、キエフの鉄道工場で組み立てられた「フンフーズ」〔紅鬍子〕型の四両の軽量級装甲列車のうちの一両だという。ボリシェヴィキ派（ソビエト政府）に対するチェコスロヴァキア軍団の武装出動開始直後の一九一八年五月二十八日に、ヴォルガ河畔のシンビールスク〔現ウリヤーノフスク〕の鉄道橋上で、軍団の第四連隊によって鹵獲された。「オルリーク」〔小さなワシ〕と命名されて、ロシアにおけるチェコスロヴァキア軍団の、もっとも有名で強力な戦闘単位になった。

軍団は一九一九年二月からシベリア幹線鉄道警備の任務に就いたが、じきにパルチザンとの戦闘に巻き込まれた。オルリークは同年三―四月に、イルクーツク県ニジェウジーンスク郡で、赤色パルチザン部隊との戦闘に参加し、五月には、同部隊のよるタイシェート駅奪取の試みを撃退する戦いに加わった。一九二〇年一月初頭に、東方に撤収する軍団の最後尾にあったオルリークは、アタマンG・M・セミョーノフの三両の装甲列車（「情け無用」、「復讐者」、「破壊者」）との戦闘に参加した。一月九日に、バイカル迂回鉄道のポドルヴィハ駅での短い戦闘の結果、セミョーノフ派の三両の装甲列車の内、二両を粉砕し、バイカル駅での戦闘では、同派のL・N・スキペトロフ将軍と、三両目の装甲列車を鹵獲《ろかく》した。[☆2] オルリークは四月初頭に中国領の満州里に到着した。

ハイラル事件発生以前にもこの装甲列車のことは、『日刊新聞』紙上でしばしば取り上げられている。たとえば、ハイラル事件の二週間ほど前の三月二十七日、オルリークはチタで「フランス軍事十字章」を授与された。それにちなんで、四月八日（ハイラル事件発生の三日前！）の号に掲載されたアントニーン・パヴェルの長文のルポルタージュ記事「「オルリーク」の叙勲」（一九二〇年四月八日、六五〇号、ハルビン）[☆3] は、全編が「オルリーク賛歌」とでも言うべき内容である。

　わが兄弟のだれもが、優美で目的にかなって、敵にとってはかくも恐ろしいこの装甲列車のことを知っているが、それはヴォルガ戦線で赤軍から奪取されたとき以来、わが軍の最良の戦闘単位のひとつを構成している。……

私〔パヴェル〕は三月二十七日午前中にチタ第一鉄道駅で、静かで意義深い式典に立ち会った。右側翼に、新たな軍旗を持って整列した「オルリーク」の搭乗員の前に、〔軍団司令官ヤン〕シロヴィー将軍が歩み出て、彼らに挨拶し、真心を込めて語りかける。

兄弟たちよ!/私はチェコスロヴァキア軍最高司令官〔モーリス〕ジャナン将軍から、フランス軍事十字章の叙勲のために、チェコスロヴァキア軍のいくつかの部隊を提案するように求められた。私は、この軍事的名誉が与えられるべき部隊の選択に、ひと時もためらうことはなかった。「オルリーク」の名前は、すべてのチェコスロヴァキア軍兵士を励まして、力づけるもののひとつだ。敵たちのなかでかき立てた畏敬の念によって、わが軍の最良の戦闘部隊に緊密に加わった。ヴォルガとウラルからチタまで、誠実に任務を果たし、チェコスロヴァキア軍の武威に対する尊敬の念を広めた。私は大きな喜びをもって「オルリーク」の全搭乗員に、わが軍のためになされたすべての仕事に対して感謝し、「オルリーク」の搭乗員の兵士たちが、なお前途に待ち受けている比較的短い仕事を、兄弟たちの利害関係の警護を、みじろぎもせずに継続して、強力な武器に対する変わらぬ愛情をもって、最後まで奉仕するだろうという固い信念を表明する……。

この長文のルポルタージュは、「残念なことに、「オルリーク」を故郷に持って帰ることはできないので、軍司令官〔シロヴィー〕はすでにそれ以前に、せめてそのかたちだけでも、子孫のためにわが国の革命博物館で、我々の美しいシベリアの猛禽が保存されるように、正確なスケッチと模型を準備するように命令を下した[4]」という言葉で結ばれている。

この叙勲式に居合わせたシロヴィー将軍をはじめとする軍団兵士たちは、装甲列車オルリークの任務の、間近に迫った「ハッピーエンド」を思い描いていたにちがいない。まもなく内戦が荒れ狂うシベリアから出て、中国領の満州に入り、中東鉄道経由でほぼまっすぐにウラジヴォストークに向かい、そこからはすでに帰国輸送団が、祖国に向けて定期的に出港している……。だが現実にはそうはならなかった。

Ⅱ　オルリークの「捕獲」

第六章ですでに一部を引用したが、『日刊新聞』における事件についての第一報「ハイラル事件」（一九二〇年四月十七日、六五八号、イミャニポ[5]〔一面坡〕）は、ハイラルでの四月十一日の衝突事件の様子とともに、四月十三日に発生した事態をこう報じている。

〔四月十三日の朝方〕満州里から日本の委員会とともに、現地の政治代表〔アドルフ〕ビチシチェ大尉が到着した。続いてやって来た日本軍の列車は、〔ハイラル〕鉄道駅の手前で停車し、守備隊が下車して駅を取り囲んだ。それから日本軍は転轍器を解体し、一本の線路と二台の機関車がいるだけの橋の向こう側に陣取った。西方から到着した日本の梯団の背後には、さらに同軍の装甲列車が停車していた。日本軍のこうした準備はなにを意味するのか、という我々〔チェコスロヴァキア側〕の質問に対して、彼らの答えはこうだった。——我々〔日本軍〕には、貴軍〔チェコスロヴァキア軍〕の兵士たちが手榴弾を販売しているという証拠があり、装甲列車〔オルリーク〕が〔四月十一日の〕事件に関与したので、すべての手榴弾と装甲列車を、一時間以内に引き渡すように断固として要求する。引き渡しの正当性を司令部が保証している。引き渡さない場合、我々〔日本軍〕は行動の自由を留保する。……

わが軍代表〔ヨゼフ〕パラツキー少佐とビチシチェ大尉は日本軍に、かくも原則にかかわる想定外の問題には決定を下す権限がない、と答えて、チェコスロヴァキア軍司令部にすべてを申告する必要があると主張した。最後通牒を撤回しない、が日本軍の答えだった。わが軍代表は現実の軍事情勢と、おもに外国〔中国〕の領土で大帝国の軍隊〔日本軍〕とのあいだで、いったん戦端が開かれた場合の予測できない帰結を考慮して、抗議しつつ〔日本軍の〕最後通牒に従う決定を下した。〔わが軍が〕日本軍に対して完全な外面的冷静さを保って、彼らの要求〔装甲列車オルリーク〕を譲り渡したとき、もう暗くなっていた。状況を説明された兵士たちは尊厳をもってふるまった。

この顛末を日本側の視点から報道した記事が、『国民新聞』(大正九年五月二日)に掲載されている。「忘恩のチエックから押収した大怪物、先頃我が守備隊を悩ました装甲車オリスク《ママ》、一と溜まりもなく降伏」というセンセーショナルな見出しのもとに、次のような記述がある。

我が帝国はチエック軍援助の為めに西比利《シベリア》に兵を出して、多大の犠牲を払った。然るにチエック軍の一部は此の恩義を忘却し、不逞の支那軍隊と共同して、我が守備隊を襲撃した。此の事件は勿論チエック軍一部の行動であるとは云え、苟《いやし》くも厚い保護を受けながら、仇《あだ》を以て酬いたる事は、断じて許すべからざる暴状である。事実は四月十一日の事であった。我守備隊は海拉爾《ハイラル》駅付近に於て、我が軍の行動の妨害を畫策《かくさく》した過激派首領八名を逮捕し、それを列車に乗せてセミヨノフ軍法会議に護送しようとした。然るに支那兵は、此の過激派首領は東清鉄道の使用人なると、同駅は支那軍の守備区域なりと云う理由の下に、犯人の引き渡を迫り、甚だしきは搭乗中の我兵に向つて発砲し、更に爆弾を投じたので、我が兵も之れに応戦した。此の時にチエックの装甲車オリスクよりも我が兵目蒐《めが》けて、機関銃を発射し、戦闘約三時間に亙《わた》り、彼我多大の死傷を出したるも、遂に我が守備隊は、此のチエック軍の装甲車をして武装を解除せしめ、之を押収して、満州里に引き揚げたのであつた。

この記事には、「我守備隊を悩ました装甲車オリスク　忘恩のチエック軍から我軍の手に押収せるもの」というキャプションが入った写真〈【図1】〉も添えられている。車体にはORLIK〈オ

図１「我守備隊を悩ました装甲車オリスク　忘恩のチエック軍から我軍の手に押収せるもの」というキャプションの入った写真

ルリーク」の文字がかすかに読み取れる。

ここでは日本側の新聞の報道姿勢について、あれこれコメントすることは差し控えたい。「自分のことしか視野にない主観性」、「露骨な上から目線」、「不自然な高ぶり」、「逆らったと見ると、手のひらを返したように悪しざまに罵る狭量さ」を、恥ずかしさと悲しみと自戒の念をもって指摘するに留めておく。

Ⅲ　オルリークの返還

日本側は予期していなかったが、この装甲列車オルリークをめぐる顚末は、日本とチェコスロヴァキアのあいだの「国際紛争」に発展した。オルリークの奪還交渉の端緒については、ウラジヴォストーク駐在チェコスロヴァキア軍司令部付き将校インドジフ・スカーツェル少佐が、回想録『シロヴィー将軍とともにシベリアで』☆6（プラハ、一九二三年）のなかで、詳細に書き残している。それによると、ウラジヴォストークの軍団司令部は、オルリークの日本側への引き渡し（四月十三日）について四月十七日に知り、ただちに「奪還」に向けた措置を講じた。軍団の司令官ヤン・シロヴィー将軍の委任を受けたスカーツェルは、四月十九日に単身で日本浦潮派遣軍司令官大井成元《しげもと》大将のもとを訪れて、装甲列車オルリークと手榴弾を即座に返還するように、という内容の「最後通牒」を突きつけた。

スカーツェルは口頭で大井に、チェコスロヴァキア軍はこの事件に憤っていて、実力による装甲列車奪還を試みるかもしれない、軍団司令部はこの事件についての報告を、連合国（フランス、アメリカ、イギリスを念頭に置いている）に提出する、と「脅し」をかけて、「装甲列車の問題はひじょうに火急です。チェコスロヴァキア軍は、日本軍と日本国民にとっては、チェコスロヴァキア軍とチェコスロヴァキア民族の友情よりも、装甲列車の方が大事なのだろうか、と訝しげに問うています。装甲列車が返還されないことは、この帰結を確認して、その後もちろん軍団司令部は、日本軍との関係を断絶し、さらなる帰結を呼ぶことになるでしょう」と述べたという。[☆7]

スカーツェルによると、大井は最初のうち、「事件が起こったのは遺憾だが、詳しい情報が手元にないので、ハイラルの日本軍の行動の善悪を判断できない」とか、「日本軍はハイラルから、ボリシェヴィキ派を放逐したいと望んでいた」とか、「日本軍は事件の清算に向けて、必要な措置を講じる」とか言を左右していたが、「即座の回答」を求めるスカーツェルの「気迫」におされたのか、最後には「本日中に返還命令を出す」と答えたことになっている。[☆8]

『日刊新聞』紙上での報道では、四月十九日のスカーツェル少佐の「直談判」については触れられておらず、四月二十九日にウラジヴォストークで、軍団極東集団司令官スタニスラフ・チェチェク少将が、「オルリーク」の返還を催促して、大井は五月初頭に引き渡し命令を下したことになっている。[☆9]

いっぽう『西伯利出兵史』にも、オルリーク返還問題に関する記述が見出される。ウラジヴォストークの軍団司令官チェチェクから、大井大将宛てに「オルリーク」の返還要求があったとして、次のように書いている。

然るに〔チェコスロヴァキア側から「謝罪文」が提出されたにもかかわらず〕、在浦潮「チェック・スロワック」軍司令官チェチェク少将は、大井〔成元〕軍司令官を訪い、海拉爾事件の不祥事に関する同情を述べ、日本軍に押収せられたる装甲列車「オルリック」号返還に関し懇請する所あり。

〔大井〕軍司令官は、我軍が「チェック・スロワック」軍の帰還輸送を円滑ならしむべき任務を有し、殊《こと》に該軍が遠からず西比利より撤退を終了せんとするの際、悪感を与うるの将来に不利なるに鑑み、事件の責任問題は別とし、押収物件は之を返付するを有利なりと為し、四月十九日〔この日付は、先ほど述べたスカーツェルの大井訪問の日付と一致するが、大井はスカーツェルの「直談判」については触れていない〕細野〔在満洲里歩兵第二十一旅団細野辰雄〕少将に対し、海拉爾事件は相当の原因あるものと認むるも、〔大井〕軍司令官は我軍の任務に鑑み、押収せる兵器、装甲列車等全部を「チェック・スロワック」軍に返却するに決せるを以て、至急是等を交付すべき旨を命令せり。☆10

それに続く『西伯利出兵史』の記述によると、大井のこの判断に対して、日本軍部内で強い反発が起こった。細野少将は、装甲列車は一旦ウラジヴォストークに運んで、そこで大井司令官の好意により返還する、というかたちにしたらいいと述べ、「「オルリック」号押収の当事者」時乗壽《ひさし》少佐は、ハイラル事件の責任はチェコスロヴァキア側にあるのだから、返還する場合は事実関係をはっきりさせて、責任を認めさせてからにしないと、「国家の威信」を傷つけて、今後対中国問題を解決する際の障害になる恐れがある、と述べて、返還する地点についてはウラジヴォストークでなければならず、ハイラルで返還すれば、「部下に対する上官の信用、及軍隊の志気を失墜する虞《おそれ》あり」と、正直なところを告白している。参謀次長（福田雅太郎）からは、事件が解決されていないのに武器を返還すると、我々になにか弱点があるかのような疑いを、国際社会に抱かせるだけでなく、わが国の威信にも関係し、「延《の》て支那側をして益《ますます》増長せしむる虞」があるので、事件が完全に解決するまでは「〔オルリークの〕返還は断じて不可なりと信ず」という電報が届いた。[☆11]

大井がオルリークの返還命令を下した際に、「出先の指導部の政治的・外交的判断」と「現場の軍事的判断」、そして「中央の意向」のあいだに大きな齟齬があったことが、戦前の資料（『西伯利出兵史』の部内刊行は一九二四年）に率直に記録されている事実は、注目にあたいするだろう。

こうした「劇的な」経緯を経て、四月十三日のハイラルでの「引き渡し」からほぼ一ヶ月後の五月十五日に、装甲列車オルリークはハルビン駅でチェコスロヴァキア側に返還された。ハルビン駐在軍団守備隊司令官ロベルト・ヴォブラーチレク少佐は、報道記事「装甲列車「オルリーク」の返還について」[☆12]（一九二〇年五月二十七日、六八六号、ウラジヴォストーク）のなかで、その様子を次のように報告している。

……私〔ヴォブラーチレク〕は、五月十五日十五時に向けてチェコスロヴァキア側接収委員会を任命し、それについて時乗〔壽〕少佐に口頭で通告して、日本側も引き渡しのための委員会を任命するように依頼した。

両委員会、つまり日本軍司令部代表時乗少佐を議長として、K・サノ〔佐野？〕大尉とH・カワサキ〔川崎？〕少尉が参加した日本側委員会と、チェコスロヴァキア側委員会（ヴォブラーチレク少佐、キンデルマン大尉、シムルチカ中尉、フィロウス少尉）は、五月十五日十五時きっかりにハルビン駅の一等待合室で待ち合わせ、そこから装甲列車「オルリーク」の方に向かった。〔オルリークは〕返還を容易にするために、入れ替え線路から鉄道駅に移されて、貨物ホームに停車していた。

丸二時間かかった返還作業自体は、ハイラルで第十二連隊長パラツキー少佐が署名した引き渡し議定書に従って、厳密に行なわれた。列車全体は、完全な秩序と模範的清潔さが保たれ、個々の部品も全部揃っていた。暖房貨車に積まれて、二人の日本兵に警備された手榴弾が、その日のうちに返還されなかったのは、時乗少佐の止むを得ない満州里への出発と、〔四月十三日に装甲列車を）受け取る際に、日本軍が数を勘定していなかったことが確認されたためである。だが後ほど補足的に数えられて、結果が報告されるだろう。日本軍の歩哨は、第十二連隊機関銃中隊の兵士たちに交替して、装甲列車の先頭にチェコスロヴァキア国旗が掲げられた後、「オルリーク」は多数の見物人が幅広く注目するなかを、本来の位置に移動した。

ひじょうに滑らかに行なわれた引き渡しの際の、日本軍将校と兵士たちのわが軍に対するふるまいは、最大限に礼儀正しく友好的だった。「オルリーク」の引き渡し後、両委員会は共同で記念写真[☆13]を撮影した。十八時に日本軍司令部で、返還と引き取りについての詳細な議定書に、日本側とチェコスロヴァキア側委員会の参加者全員が署名した。

Ⅳ　オルリークのその後

装甲列車オルリークのその後の運命について、判明している範囲内で手短に触れておこう。五月十五日にハルビン駅で、チェコスロヴァキア側に返還されたオルリークは、撤収する軍団とともにウラジヴォストークまで運ばれた。ルカショーフの記述によると、同地に到着した装甲列車オルリークは部分的に武装を撤去されて、グニローイ・ウーゴルというウラジヴォストークの町外れの敷地内に放置された。「オルリーク」の搭乗員たちは、その他の一五四六人の軍団兵とともに、帰国輸送団第二十七便のアメリカ海軍の軍用輸送船シャーマンに乗船して、五

月二十四日午後一時にウラジヴォストーク港を出港した。☆14

いっぽう同じくロシアの軍事史研究者マクシーム・コロミーエッツは、『ザアムーレッツ』のオデッセイ」という文章のなかで、こう書いている。☆15

〔一九二〇年の〕チェコスロヴァキア人の退去後に、装甲列車「オルリーク」からなる電動装甲車両は、日本人の手に渡り、彼らはそれをロシア白衛派に引き渡した。「オルリーク」はウラジヴォストークに一九二二年秋まで留まり、その後、白衛派のその他の装甲列車とともに、ハルビンに去った。ここで運命の新たな転換――亡命地での勤務がはじまった。

一九二四年にネチャーエフ将軍――アタマン・セミョーノフの盟友の一人――は、中国でロシア白衛派から師団を編制した。その構成内に、ウラジヴォストークから立ち去ったのと同じ、七両の装甲列車からなる大隊（チェーホフ大佐の指揮下）が含まれた。――そのなかに「オルリーク」と、それに連結された電動装甲車両もあった。同師団は張作霖軍の構成内で、中国人民革命軍に対する戦闘に参加した。……

残念なことに、祖国〔ロシア〕の装甲技術のこの素晴らしい見本の、その後の運命についての文書情報は見当たらないが、いくつかの資料が証言するところでは、一九三一年にこの電動装甲車両は、満州で日本人に奪われた可能性がある。☆16

コロミーエツは、一九三二年以降の装甲列車オルリークの運命については、日本側（と中国側）の研究者の探求に委ねられている、と言いたいのかもしれない。

V　ハイラル事件解明のための三者調査委員会

参謀本部編の『西伯利出兵史』には、装甲列車オルリーク返還の顛末に続けて、ハイラル事件調査委員会についての、次のような記述が見られる。

〔日本〕軍は海拉爾事件の押収物件は、「チェック・スロワック」軍司令官〔チェチェク？〕の懇請に因り、之を返還するの途に出でしと雖も、海拉爾事件の責任問題は、之を明瞭ならしむるの必要ありと認めしのみならず、支那及「チェック・スロワック」軍は之を排日的宣伝に利用し、殊に「チェック・スロワック」は之を国際関係に移さんとするの意ありと迄伝えらるるの外、尚「チェック・スロワック」は在北京仏国公使に之が解決を依頼せるが如きを以て、〔日本側は〕日、支、「チェック・スロワック」三国軍事代表者を以て委員を編成し、事件の真相を確め、以て責任を闡明《せんめい》せんと欲し、支、「チェック・スロワック」両軍に之を提議し、支那側は同意したるも、「チェック・スロワック」軍側は、委員を連合与国より編成せんことを主張し、日本側は関係国以外の参加を拒絶し、交渉一時行悩みたるも、結局我提議貫徹し、我軍は少将石坂善次郎、吉田〔彦

治〕歩兵少佐、時乗〔壽〕砲兵少佐を委員に任命し、各国委員は五月三十日以来、哈爾賓に於て調査を実施するに到れり。☆17

いっぽう『日刊新聞』の紙面には、この三者調査委員会に関する報道は見当たらないが、チェコの文書館に、同委員会についての一連の一次資料が保管されている。ここではこれらの資料に基づいて、チェコ側から見た同委員会の経過を再構成して見ることにしよう。

チェコスロヴァキアと日本と中国の代表たちは、五月二十九日にハルビンで相互に訪問しあって、予備の会合を開き、翌五月三十日十四時に中国軍司令部（チチハル外交総局？）で、第一回会合のために集まることを決定した。

指定された五月三十日十四時に、チチハル外交総局での第一回会合に出席したのは、チェコスロヴァキア部門の議長ノヴァーク中佐、メンバーのロベルト・ヴォブラーチレク少佐、アドルフ・ビチシチェ大尉（ハイラル駐在軍団守備隊司令官）、ペタータ中尉の四人、日本部門は議長の石坂善次郎将軍（ハルビンの軍事特別使節団長）、時乗壽少佐（参謀本部付き）、吉田彦治少佐（ハイラル駐在日本軍守備隊司令官）、セノオ〔妹尾？〕大尉、ナカヒラ〔中平？〕大尉の五人、中国部門は議長の鐘ユイ（Чжун-Юй）（ホロンバイル地方長官）、メンバーのチ・シン（Цзи-Син）大佐、グアン・ルン（Гуан-Лун）大佐、ヤン・ジョ（Ян-Чжо）大佐、謝秋涛（Сѣ-Цю-Тао）少佐とスン・シュ・タン（Сун-Шу-Тан）少佐の六人だった。

会合の手順として、場所はチチハル外交総局、会合時間は、十時から十二時までが日程作成のための代表（各部門から一人ずつ）の予備の会合、十四時から十七時までが、予備の会合で作成された諸点解決のための、全体の会合と定められた。会合は、日曜と祝日も含めて毎日行なわれ、交渉語は中国語と日本語とロシア語とされた。

五月三十一日の十時から十二時まで、代表（チェコスロヴァキア部門からビチシチェ大尉、日本部門から時乗壽少佐、中国部門から謝秋涛少佐）の予備の会合が開かれ、全体の会合で議論する四つの主要な論点が定められた。

（一）日本軍がハイラルで行なった逮捕の理由、
（二）逮捕された者たちの下車まで——終日なにが行なわれていたか、
（三）下車から撃ち合いまでの時間、
（四）四月十三日の出来事。[18]

以後同調査委員会は、五月三十一日午後から六月十二日まで（六月六日を除く）、全部で十回の全体の会合（準備の会合は十一回？）を開き、定められた論点について自国の見解を表明して、証人を立てて証拠資料を提出し、他の見解に反駁した。ここでは、確認できた議論の大筋のポイントだけを、箇条書きのかたちでまとめておく。

（一）三者調査委員会は日本側のイニシアティブで開かれた。日本側はチェコスロヴァキア側に事件への関与を認めさせて、オルリーク「没収」を正当化する意図を持っていた。

（二）委員会の席上では、日本側はチェコスロヴァキア軍が四月十一日の衝突事件に関与したと主張し、チェコスロヴァキア側は関与していないと述べて、議論が交叉していない。一種の水掛け論に終わっている。

（三）意外なことに中国側は、チェコスロヴァキア軍が四月十一日の銃撃戦に関与し、オルリークからも射撃されていたと主張している。この点については、同国の日本駐在公使カレル・ペルグレルの、プラハのエドヴァルト・ベネシュ外務大臣宛ての報告のなかでも触れられている（ペルグレルは、「〔三者調査委員会における〕中国人のふるまいがひじょうに奇妙だったことは確かである。ふつう彼らは、すべての点で日本人に反対しているが、ハイラルでは、とくに彼らの司令官たちは真逆である。……」と述べている）。[☆19] もっとも中国側としては、チェコスロヴァキア軍の「参戦」を強調しなければ、日本軍との交戦の責任が自軍に落ちかかる結果になることを、危惧していたのかもしれない。

（四）チェコスロヴァキア側は六月十一日に、「中立的人物」（現場に居合わせたアメリカのD・S・コルビー少佐とフランスのロウビニャク中佐を念頭に置いている）の委員会への参加を要求し、日本側と中国側がそれを受け入れなかったために、六月十二日の会議で自然流会となった。

いっぽう『西比利出兵史』はこの顛末を、次のように記述している。

調査委員は五月三〇日より六月十二日に到る間、十三回の会商を行ない、過激派逮捕、押送及挑戦〔交戦?〕の諸問題に関し審議せり。而して該問題は其根本たる支那主権と、東支鉄道管理問題に関連するを以て、日、支間の国際問題として後日に保留し、挑戦〔交戦?〕に関する責任問題は「チェック・スロワック」軍代表者が、絶対に戦闘参加を否認して、純然たる日、支両軍間の衝突なりと強弁し、調査の進行に伴い、其〔チェコスロヴァキア側の?〕非業の暴露せんとするに及び、遂に調査の継続を拒絶し、支那側亦《また》已むを得ず、之に同意するの意を表示せるを以て、自然的閉会の已むなきに至りしと雖も、調査委員会対審の結果、事実殆ど明白と為りしを以て、日本側委員長石坂〔善次郎〕少将は左記要旨の声明を為し、該交渉を中止するに至れり。☆20

VI 双方の「総括」——重なる部分と重ならない部分

石坂の以下の「最終弁論」は、日本側から見たハイラル事件の「総括」と言っていいだろう。

一、事件の前提たる不逞過激派の逮捕、及之が押送に関し、支那側の主張は外交上の問題に属し、会議の権限外なること、蓋《けだ》し其逮捕は当時軍事上の必要より実施するの已むを得ざりしことを、重ねて弁明す。

二、射撃交換事件は本会議の主要なる問題なり。今や調査進み、事件の真相明瞭ならんとするに方り、不幸「チェック・スロワック」軍の提議に依り、本会議を中止するに至りしを遺憾とす。然《しか》れども会議の調査を基礎とせば、概ね左の如く判定するの正当なるを確信す。

イ、日本軍隊は正当防衛の為、自衛的に射撃せり。

ロ、「チェック・スロワック」軍各級指揮官が、事件の渦中に投ぜざるが為、部下を戒飭《かいちょく》したる〔戒めた〕形跡は之を認むるも、一部の兵卒が故意又は偶然に、「チェック・スロワック」軍列車の附近、及装甲列車より射撃せるは、本会議に於ける各国委員の説明に依り、事実と認めざるを得ず。

ハ、支那軍が上級指揮官の命に依り、戦闘に参加せざることを努めたるは、之を認むべきも、兵卒の一部が誤解又は好奇心に因り、射撃を交えたるは、各国側の説明及答解〔回答？〕等を総合せば、事実と認めざるを得ず。[21]

なおこの石坂の最終発言は、調査委員会のチェコスロヴァキア側メンバーであるアドルフ・ビチシチェ大尉の報告書[22]では、次のように記録されている。

我々〔日本部門〕は確認するが、全メンバーの熱心な作業のおかげで、ひじょうに多くのことが行なわれたとはいえ、本委員会の任務は終了したにはほど遠い。我々は以下の点を述べることを、みずからの義務と見なす。

（一）日本軍司令部は、鉄道連絡に関係する軍事的必要の面から、逮捕を行なった。

（二）撃ち合いに関しては、我々は以下の点を正しいと見なす。

a／日本軍は自己防衛で射撃した。

b／我々は、チェコスロヴァキア軍指導部はたまたまこの事件に遭遇して、自軍の兵士たちが射撃しないように、宥めようと努めたことを認める。だが一部の兵士、とくに梯団の端にいた者たちと、オルリークの乗組員は、偶然にか、あるいは故意に射撃した。我々はそれに対して、みずからの証拠を提出している。

c／我々は中国軍が、射撃に参加しないように努めたことを認めるが、一部の中国人兵士がどうやら誤解か、あるいは要するに驚愕と好奇心の結果、射撃したことを確認している。[☆23]

双方の文書の、重なる部分と重ならない部分の比較は、今後の課題としたい。なおこの「ビチシチェ報告書」は、石坂が最後に、次のように付け加えたと記録しているが、この部分は『西比利出兵史』には見当たらない。

我々〔日本部門〕は、委員会の交渉が裁判に変わったとは考えておらず、中立的な審議のために我々の委員会の交渉を、友好裡に終えたいと望んでいる。我々は今後の交渉を中断する。もしも本委員会によって集められた資料が、相互理解に役立ち、関係諸国の友好関係を改善するなら、我々は嬉しい。☆24

いっぽう「ビチシチェ報告書」は末尾でチェコスロヴァキア側の立場から、次のような「結論」を下している。

日本部門と中国部門が提出した証拠は、それに基づいてチェコスロヴァキア軍部隊が、ハイラル事件に関与したことを証明するには、じゅうぶんと見なすことはできない。日本軍司令部はこれらの証拠に基づいて、本年四月十三日と十四日の最後通牒的要求を提出する権限はなかった。日本軍司令部は、本年四月十一日の撃ち合いによって生じた損害に対して、責任を負っている。チェコスロヴァキア軍がハイラル事件の際に蒙った損害は、次の通り――

a／死亡：一人の将校と一人の兵士

b／負傷：一人の将校、六人の兵士と、一人のチェコスロヴァキア軍兵士の妻

c／ハイラルにおけるチェコスロヴァキア軍の撤収の引き延ばしによって、チェコスロヴァキ

ア国家に物質的損害が生じたが、つまりチェコスロヴァキア国家は、ハイラル駅での車両の停車に対して、C. V. z. d.〔中東鉄道〕管理局には関係しない理由によって、支払いを強いられる。[☆25]……

これがこの調査委員会についての日本側とチェコスロヴァキア側の結論であった。両者の立場は接点を見いだせないまま終わっている。こうして調査委員会は、第四点（「四月十三日の出来事」、すなわち日本軍による装甲列車「オルリーク」の「鹵獲」）については議論することなく、自然流会のかたちで終わってしまったのである。

最後に、軍事歴史文書館のファイル「ハイラルと「オルリーク」」に収められた文書群「ハルビンでの一九二〇年五―六月の、ハイラル事件審査日本＝中国＝チェコスロヴァキア委員会の会議議事録[☆26]」（ロシア語）の表紙に綴じ込まれた文書【図2】をご披露する（画像は二三八頁）。会合が流会した後、ハルビンで一九二〇年六月十五日に作成されたロシア語による文章と、参加者たちの署名（サイン）のある頁である。

上半分にはロシア語で、次のような文面がタイプ書きされている。

一九二〇年五月と六月に招集されたハイラル事件調査のための日本＝中国＝チェコスロヴァキア委員会は、本日一九二〇年六月十五日に、ハルビン市のチチハル外交総局で、一九二〇年五月三十日から一九二〇年六月十四日までの、四十二枚（片面で）と十六編の付録を含めた、同委員会の会議議事録に署名する。ハルビン市、一九二〇年六月十五日

その下の、手書きの二行の文字は、左から「日本部門議長少将」、「中国部門議長」、「チェコスロヴァキア部門議長」と読める。下半分は、委員会の参加者たちの署名（サイン）である。サインはロシア語で書かれたものと、印鑑で代用しているものがある。

3・イシザカ〔石坂善次郎〕　印鑑〔鐘●少佐？〕　ノヴァーク（Novák）中佐

X・トキノリ〔時乗壽〕　印鑑〔？〕　ヴォブラーチレク（Vobrátilek）少佐

印鑑〔吉田彦治？〕　印鑑〔広輪？〕　ペターク（Peták）中尉

K・ナカヒラ〔中平？〕　印鑑〔書風●少佐？〕

謝秋涛

大尉　中国軍大佐　中国軍大尉

?.?.?　ヤン・ジョ　?.?.?

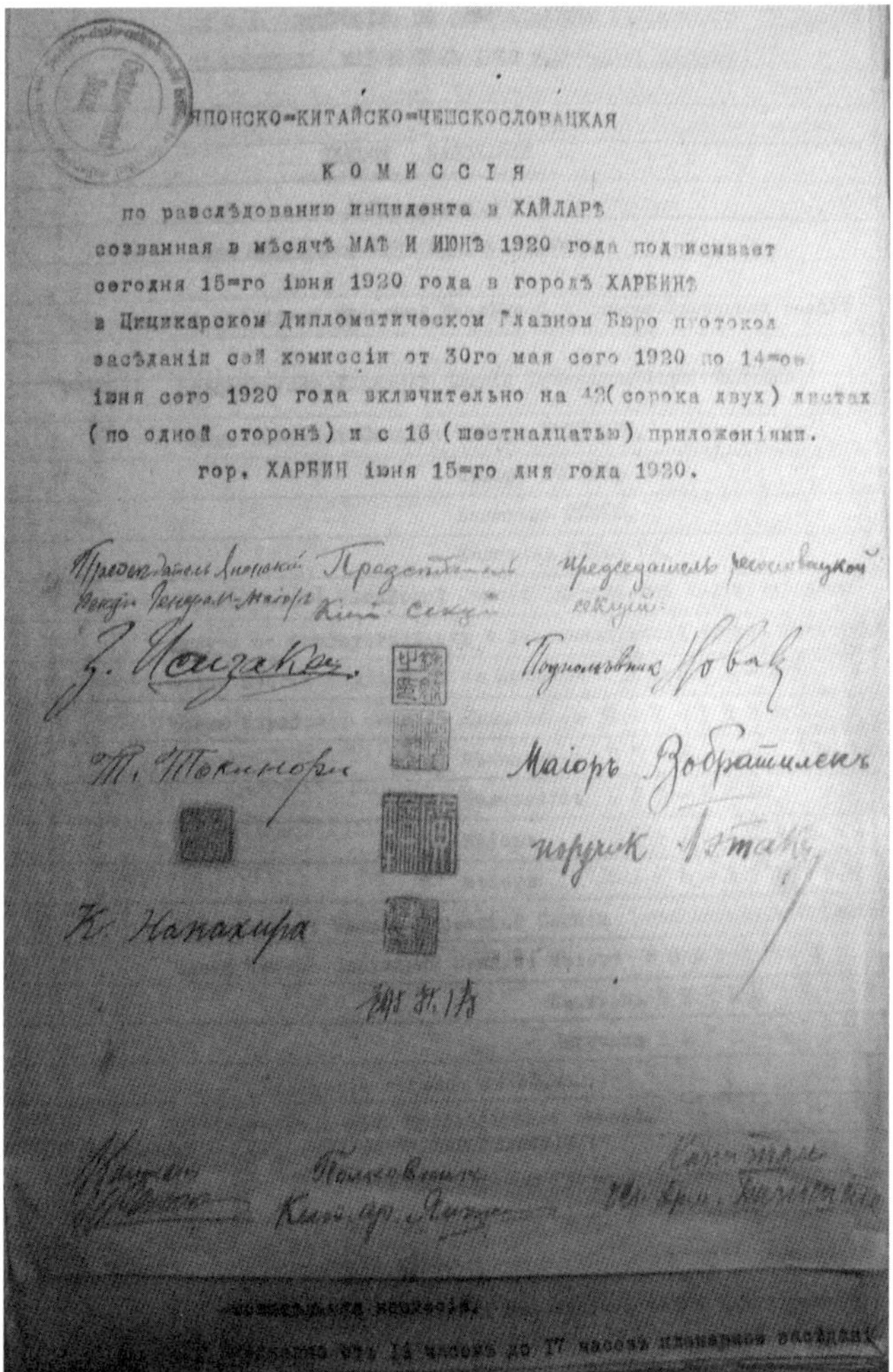

ЯПОНСКО-КИТАЙСКО-ЧЕШСКОСЛОВАЦКАЯ

КОМИССІЯ

по разслѣдованию инцидента в ХАЙЛАРѢ
созданная в мѣсяцѣ МАѢ И ИЮНѢ 1920 года подписывает
сегодня 15-го іюня 1920 года в городѣ ХАРБИНѢ
в Цицикарском Дипломатическом Главном Бюро протокол
засѣданія сей комиссіи от 30го мая сего 1920 по 14-ое
іюня сего 1920 года включительно на 42(сорока двух) листах
(по одной сторонѣ) и с 16 (шестнадцатью) приложеніями.
гор. ХАРБИН іюня 15-го дня года 1920.

図2 「ハイラルと「オルリーク」」に収められた文書群「ハルビンでの1920年5–6月の、ハイラル事件審査日本＝中国＝チェコスロヴァキア委員会の会議議事録」（ロシア語）の表紙に綴じ込まれた文書

【補論】　ハイラル事件の事典項目（私案）

問題の要点を整理して、今後の調査と研究の方向性を示すために、これまで検討してきた資料に基づいて、「ハイラル事件」の事典項目（私案）を提示しておく（管見のかぎりではこうした記述は、これまでどこでも目にしたことがない）。

およそ次のような文面になるだろうか。

ハイラル事件とは、一九二〇年（大正九年）四月に満州領内の中東鉄道ハイラル駅で発生した「武力衝突」事件をさす。一九一九年末から一九二〇年初頭にかけての、ロシア内戦におけるコルチャーク提督のオムスク政府崩壊と、同年春のボリシェヴィキ勢力のイルクーツクまで進出の結果、シベリア・ロシア領極東の軍事・政治情勢の緊迫化を背景にして起こった（同時期に発生した一九二〇年三月以降のニコラエフスク事件（いわゆる尼港事件）、四月四―五日のウラジヴォストークを中心とした沿海州武力衝突事件なども、同じ文脈のなかで捉えるべきだろう）。その場に居合わせたアクターは、日本軍、チェコスロヴァキア（以下ČSとも表記）軍、中国軍、ロシア人「群衆」である。

事件のきっかけとされるのは、四月八日（異説あり）に日本軍がハイラルで、八人（異説あり）のロシア人鉄道従業員（日本側によれば「過激派」）を逮捕したことである。

四月十一日に日本軍は逮捕された者たちを、満州里に連行しようとしたが、中国当局が彼らの連行に異議を唱えた（日本側によれば「妨害した」）。日本軍は同日晩に逮捕された者たちを、鉄道駅構内の車両から自軍の兵営に移そうとしたが、連行の途中で午後八時頃、随伴していたロシア人「群衆」のなかから、日本軍の警備小隊に対して発砲と手榴弾の投擲がなされ、日本軍は「群衆」に向けて小銃と機関銃で射撃した。ČS側の証言によれば中国軍が応戦し、日本側の主張によれば、中国軍とチェコスロヴァキア軍が銃撃したという（ČS軍が戦闘に参加したか否かは、その後の論争の焦点であり、現在にいたるまで「真相」は解明されていない）。戦闘は午後十一時頃まで続き、ČS側に二人の死者と九人の負傷者、日本側に二人の死者と二十七人の負傷者、中国側に一人の死者と二人の負傷者が出た（「群衆」側の被害については不明）。

翌四月十二日、中国軍司令部で日本側とČS側が会合し、日本側はČS側の戦闘への参加を非難し、ČS側はそれを否定したが、中国側が仲裁に入り、事態は沈静化したかに見えた。ハイラル駅に停車していたČS軍第三師団の梯団は、同日晩に東方のハルビン方面に向けて出発した。

四月十三日早朝に、満州里方面から日本軍の援軍が到着し、戦闘準備を整えてČS側に、装甲列車「オルリーク」と手榴弾の引き渡しを要求した。ČS軍代表は、戦闘になった場合のリスクを勘案して、抗議しつつ、日本軍の最後通牒に従う決定を下した。

翌四月十四日に日本側はさらに、ČS軍に謝罪文の提出を要求した。ČS側は、自分たちで文面を作成する、という条件で同意して、作成した文書に署名した。

四月十九日にČS側はウラジヴォストークで、軍団司令官J・シロヴィー少将の名義で日本浦潮派遣軍司令官大井成元大将に、「オルリーク」の返還を要求した。大井は事件の国際問題化を危惧し、日本とČSの今後の「友好関係」を考慮して、「政治的判断」によって返還命令を出した。この決定は、現場の日本軍将校と参謀本部からの強硬な反対に遭遇したが、結局オルリークは五月十五日に、ハルビン駅で「円滑に」ČS側に引き渡された。その後オルリークはウラジヴォストークに運ばれ、一九二二年に満州に運び出されて、張作霖が組織したロシア人部隊が使用した。一九三一年に日本側の手に落ちたのではないか、という説もある。

日本側のイニシアティブで五月三十日から六月十二日までハルビンで、「ハイラル事件解明のための日本=中国=チェコスロヴァキア調査委員会」が開かれた。全部で十回（異説あり）の会合が開かれたが、日本側はČS軍が四月十一日の衝突に関与したと主張し、ČS側は関与を否定して、一種の水掛け論に終わった。六月十一日にČS側が、「中立的人物」（現場に居合わせたアメリカのD・S・コルビー少佐とフランスのロウビニャク中佐）の委員会への参加を要求し、日本側と中国側がそれを受け入れなかったために、六月十二日の会合において自然流会となった。

ハイラル事件は、見る角度によって異なった様相を帯びる出来事である。チェコスロヴァキア側から見れば、ロシア内戦における軍団の活動の最終段階の、祖国への撤収過程で「巻き込まれた」トラブルであり、日本側から見れば、「シベリア出兵」の過程で遭遇した（みずから招いた、という側面もある）厄介な「国際紛争」と捉えることができるだろう。さらに現地ハイラルの中国軍（張作霖軍閥など）と、同じく現地のロシア人社会（中東鉄道の「鉄道労働者組織」）にとっての意味も、考慮に入れる必要があるだろう。ハイラルに駐屯していたセミョーノフ派の動向にも、目配りしなければならない。

現段階までの調査と研究によれば、ハイラルでの四月十一日の銃撃戦は、偶発的な遭遇戦であった可能性が高い。この事件は間違いなく軍団と日本軍の関係を悪化させたが、両軍のあいだでこれ以上の軍事紛争は起こらなかった。

□ 注

☆1 Лукашов, Михаил: Бронепоезд Чехословацкого корпуса «ORLIK» в Сибири и Забайкалье. *Сибирский исторический альманах*, Том 1, Гражданская война в Сибири, Красноярск 2010, 156-170〔ミハイル・ルカショーフ「シベリアとザバイカル地方でのチェコスロヴァキア軍団の装甲列車《オルリーク》」、『シベリア歴史年鑑、第一巻　シベリアの内戦』、クラスノヤールスク、二〇一〇年、一五六―一七〇頁〕

☆2　以上の二段落の記述は、前掲書、一五六―一六五頁に基づく。

☆3　Vyznamenání „Orlika", *ČSD*, 8. dubna, 1920, č. 650, Charbin

☆4　プラハのジシコフにある軍事博物館 Armádní muzeum Žižkov には、装甲列車オルリークの小型模型が展示されていた（現在は修理のため閉館中）。

☆5　Případ v Chajlaru, *ČSD*, 17. dubna, 1920, č. 658, Imjaňpo

☆6　Skácel, Jindřich: *S generálem Syrovým u Sibiři*. Praha 1923, 232-246.

☆7　この個所は、ハイラル事件をめぐるヨゼフ・クデラの第二の長文の論説記事「刺激を与えた状況……」（一九二〇年五月五日、六七〇号、ウラジヴォストーク）Okolnosti, jež daly podnět ..., *ČSD*, 5. května, 1920, č. 670, Vladivostok の末尾の、次のような表現――「日本軍司令部は、今日シベリアから退去中の五万人の兵士が、中欧での重要な政治的要素になることを、わが軍が鋭い反日的気分を持って帰国することは、日本の利益にならないことを、忘れるべきではないだろう」と響き合っているのかもしれない。

☆8　以上の記述は、スカーツェルの前掲書二四〇―二四四頁に基づく。

☆9　ハイラル事件をめぐるヨゼフ・クデラの第一の長文の論説記事「公式の嘘」（一九二〇年五月四日、六六九号、ウラジヴォストーク）Úřední lži, *ČSD*, 4. května, 1920, č. 669, Vladivostok の記述に基づく。

☆10　『西伯利出兵史』（中）、九五一―九五二頁

☆11　同上、九五二頁の記述に基づく。

☆12　O vrácení pancéřového vlaku „Orlik", *ČSD*, 27. května, 1920, č. 686, Vladivostok

☆13　この折に撮影されたと思われる写真が、マルチン・ホシェクの二〇一一年の英語論文（データは第六章の注12を参照）の一二〇頁に掲載されている。

☆14　以上の記述は、ルカショーフ（前掲書、一六八―一六九頁）に基づく。

☆15　Коломиец, Максим : Одиссея <Заамурца>, *Отечественные бронедрезины и мотоброневагоны (Фронтовая иллюстрация)*, 2005, стр. 10-20.（「『ザアムーレツ』のオデッセイ」、『祖国の装甲軌道

車と電動装甲車両』（『前線イラストレーション雑誌』）、二〇〇五年、一〇―二〇頁）。この雑誌は、原暉之氏にご投恵いただいた。記して感謝する。

☆16 コロミーエツ、前掲書、一九―二〇頁。マルチン・ホシェクは二〇一一年の論文の末尾で、コロミーエツの別の著作（Коломиец, Максим : Броня русской армии. *Бронеавтомобили и бронепоезд в первой мировой войне*, Москва 2008）マクシーム・コロミーエツ『ロシア軍の武装、第一次世界大戦における装甲自動車と装甲列車』、モスクワ、二〇〇八年）（長與は未見）に依拠して、ほぼ同主旨のことを記述している（一二二頁を参照）。ただし「ネチャーエフ将軍」と「チェーホフ大佐」の名前と父称を、それぞれ「コンスタンチーン・ペトローヴィチ」、「ウラジーミル・アレクセーエヴィチ」と特定している。

☆17 『西伯利出兵史』（中）、九五二頁

☆18 以上の記述は、おもに軍事歴史文書館所蔵のファイル「ハイラルと「オルリーク」」に収録されたチェコスロヴァキア部門長ノヴァークの「上述の委員会のこれまでの交渉過程についての報告」（ハルビン、一九二〇年六月三日付け）〔チェコ語、五枚のタイプ打ち原稿、未公刊〕に基づく。Vojenský historický archiv (VHA), Chajlar a “Orlik”, Česka sekce japonsko cinsko čsl komise pro vysvetleni Chajlarskeho incidentu, Charbin, 3. cervna 1920. [sic] Hlášení. Dokládám o dosavadním průběhu jednání vyšeuvedené komise.

☆19 一九二〇年五月二十八日付けのカレル・ペルグレルのエドヴァルト・ベネシュ宛ての極秘書簡。「政治情報、東京、一九一八―一九二〇年」の第四六号案件。「政治情報」については第四章の注10を参照。

☆20 『西伯利出兵史』（中）、九五三頁

☆21 『西伯利出兵史』（中）、九五三頁

☆22 軍事歴史文書館のファイル「ハイラルと「オルリーク」」に収録された「ハイラル事件調査のための日本＝中国＝チェコスロヴァキア委員会、チェコスロヴァキア部門の報告書」（チェコ語、二十枚のタイプ打ち原稿、未公刊）。末尾に「ウラジヴォストーク、一九二〇年六月二十二〔?〕日、チェ

コ＝スロヴァキア部門メンバー〈アドルフ〉ビチシチェ大尉」とある。Vojenský historický archiv (VHA), Chajlar a "Orlik ", Doklad ceskoslovenske sekce Japonsko-Cinsko-Ceskoslovenske Komise pro vysetreni Chajlarskeho incidnetu. [sic]

☆23　同上、一八―一九頁

☆24　同上、一九頁

☆25　同上、二〇頁

☆26　Vojenský historický archiv (VHA), Chajlar a "Orlik", Японско=китайско =чешскословацкая комиссія по разслѣдованію инцидента в Хайларѣ …

終章　カトリック府中墓地に埋葬されている軍団兵士たちについて

I　秋の墓参

二〇二一年十月二十七日、筆者は駐日チェコ共和国大使マルチン・トムチョ氏と大使館職員池田桜子氏、研究仲間である篠原琢氏、福田宏氏、ダニエラ立古氏とともに、東京都下府中市のカトリック府中墓地にあるチェコスロヴァキア軍団兵士の墓碑を訪れて、花束を捧げた。翌十月二十八日のチェコ（スロヴァキア）建国記念日にちなんだ恒例の儀式の一環だった。花束を捧げた先は、広々とした長方形の墓地の南西の片隅に佇む、青緑色のガラスの十字架を埋め込んだ、美しい四角形の墓碑である（図1を参照）。

二〇一五年十二月四日に除幕式が行なわれた墓碑[☆1]の下部の左手には、チェコ語で「**Těm, kteří nedošli do osvobozené vlasti**」（解放された祖国にたどり着けなかった者たちに）という文面が刻まれ、その下には「解放された祖国へ帰還し得なかった彼らに捧ぐ」という、日本語の意訳が添えられている。中央に第一共和国時代の国章が刻まれ、右手には、ここに葬られている五人の兵士の名前と苗字、生没年月日が刻まれている。

Emanuel Javorský　エマヌエル・ヤヴォルスキー　一八九四年十二月十八日―一九一九年四月五日
Karel Knytl　カレル・クニトル　一八九三年七月二十八日―一九一八年十月十七日

図 1　2021 年 10 月 27 日（筆者撮影）

Rudolf Maixner　ルドルフ・マイクスネル　一八八九年十月二十五日―一九一九年一月三十日
Adam Vlašič　アダム・ヴラシチ　一八九一年十二月二十四日―一九一九年四月二日
František Kasa　フランチシェク・カサ　一八九六年十二月七日―一九一九年七月十三日[☆2]

Ⅱ　カレル・クニトルの場合

軍団兵士の墓地は、昔からこの場所にあったわけではない。彼らの墓は当初、東京都心の青山霊園の一隅に設置されていた。最初に葬られたのは、一九一八年十月十七日に築地のアメリカ赤十字病院〔聖路加国際病院〕で死去したカレル・クニトルである。たまたまこの時期に、チェコスロヴァキア独立運動家ミラン・ラスチスラウ・シチェファーニクが東京に滞在中で[☆3]、彼は十月十九日に執り行なわれた葬儀に出席した。そのためかこの葬儀の模様については、いくつかの比較的詳しい証言が残されている

まずシチェファーニクの副官フェルディナント・ピーセツキーの著作『私の日記のなかのM・R・シチェファーニク』(ブラチスラヴァ、一九三四年[☆4])の記述から。

〔一九一八年〕十月十九日。兵士K・クニトルの葬儀の手配、彼はウクライナで倒木によって負傷し、当地まで運ばれて来たが、日本の〔アメリカ〕赤十字病院で十月十七日朝に死亡したので

ある。〔午後〕一時半に我々は、二台の自動車に分乗して麻布地区へ。美しい秋の一日。そこには小さな礼拝堂があった。入院中の兵士たちが正装して整列し、向かい側には日本の看護婦と病院の職員たち。ロシア赤十字の婦人たち、フランス大使館の代表ポマレド、ロシアの駐在武官アイヴァゾグル、日本の海軍司令官山本、参謀本部代表の司令官澁谷〔伊之彦〕、陸軍省代表飯島中尉。クニトルを看護していたタマーラ看護婦が花束を持って来た。フランス人老神父トゥリップ師が葬儀を執り行なった。柩は、ČS〔チェコスロヴァキアを示す組み合わせ文字〕が入ったチェコスロヴァキア国民評議会の旗と、日本の国旗にくるまれ、花で飾られていた。教会への葬送行進。そこで葬儀が執り行なわれて、伊藤男爵夫人と娘たちが〔賛美歌を〕歌った。教会ではイギリス駐在武官サマーヴィル大佐、ブラジル海軍駐在武官アレンカストラ・デ・ガルツァ大尉、ダムピエール子爵が待っていた。そのあと墓地まで葬送行進。祈祷の後で、シチェファーニクは短い演説を行なった。――「親愛なる兵士よ！　故郷から遠く離れた、しかし友人の地に君を埋葬する。君はみずからの義務を果たした、民族はけっしてそのことを忘れない。君たち、生きている兵士たちは、頭を挙げよ、一人が倒れたら、他の者たちの隊列が、彼の場所につく。安らかに眠れ、親愛なる兵士よ、我々は仕事を続ける。我々の祈りの声、我々の「わが故郷はいずこ」の歌声が、君を最後の安らぎへと導いている」。歌が歌われ、最初のチェコスロヴァキア軍兵士は日本の地に葬られた。

次に、軍団の代表〔後にチェコスロヴァキアの外交代表〕として、ウラジヴォストークから東京に派遣されたヴァーツラフ・ニェメツの回想エッセイ「一九一八年のシチェファーニクの東京滞在☆5」から。

我々が東京に到着してすぐに〔第二章で述べたように、ニェメツ一行は十月十五日に東京に到着した〕日本の赤十字病院で、ムラダー・ボレスラフ地方出身のわが軍兵士クニトルが死亡した。シチェファーニク将軍は彼の葬式を、すべての軍事的栄誉をもって執り行うように指示し、それにはシチェファーニクも個人的に列席することにした。葬式には英語と日本語で葬儀通知が印刷され、将軍は公式に、すべての連合軍の駐在武官と、日本の陸軍大臣〔田中義一〕も招待した。棺の上にはわが国の国旗が置かれた。……兵士クニトルの葬儀は実際そのように執り行なわれたので、それは日本の地で死亡したチェコスロヴァキア軍兵士の、印象的で美しい記念日となった。

クニトルと同じくアメリカ赤十字病院に入院中だった軍団兵士オルドジフ・ゼメクも、証言を残している。すでに本書の第三章と第四章で引用した彼の回想録『世界の戦火をくぐり抜けて』から。

〔十月十九日〕シチェファーニクは葬儀の出発点である日本の病院に到着すると、最初に亡くなった兄弟に対して頭を垂れて、彼の銀製の柩のもとにしばし黙って佇んでいた。それから我々義勇兵の一人一人と握手して、そのあとで列席した高官たちを歓迎した。それからふたたび我々の方に歩み寄って、静かな、しかしよく通る声で語りかけた。――「兄弟たちよ、ぼくが我々の出会いを待ちおおせたのは大きな喜びで、ぼくにとって大きな名誉だ」。チェコ南部の息子である小隊長ロジャーネクが、率直かつ真心をこめて彼に呼びかけた。――「兄弟の将軍、我々はあなたを歓迎します。あなたが我々のためになさったことすべてに対して、我々は感謝しています。ただ身を慎んで、まだ長生きなさってください。あなたのような人間はめったにおりません」。将軍は高い額を曇らせて、こう言った。――「ぼくは、国への帰還を待ちおおせられないような気がする」

空は陰鬱で、東京の青山地区の墓地に向かう葬列も陰鬱だった。遠く離れた美しい、だがやはり他人の国に、我々はみずからの戦友を、大地の冷たい抱擁のなかに置いた。

〔シチェファーニク〕将軍の言葉は開かれた柩の上を漂い、心臓のなかに落ちて、我々の魂に新たな希望をかきたてた。将軍がこう言ったとき、彼の青い目は、精力的な顔にもっとも美しい表情を加えた。――「彼の死は、彼の理想の終焉ではなくて、その勝利を意味している」。極東の大きな墓地のなかで、我々の親愛な民族歌〔わが故郷はいずこ〕がはじめて響いたとき、列席者全員の内面は深い感動で震えはじめた。☆6

この葬儀の様子を写した貴重な写真が残されている。【図2】は麻布霞町のカトリック教会での葬儀のスナップ写真。右手の手前に立っている人物は、ウラジヴォストーク駐在チェコスロヴァキア全権代表ヴァーツラフ・ギルサ、その後ろがM・R・シチェファーニク将軍、その左横の白髭の老人は「フランス人老神父トゥリップ師」だろうか[☆7]。

【図3】は、青山墓地での埋葬の場面を捉えた貴重な写真。右端の横を向いている人物がシチェファーニク、その左隣が副官のピーセツキー、中央の左端で棺を支えている人物はおそらくゼメクである。

当時の日本の新聞も、この葬儀の模様を報じている。まず『東京日日新聞』十月十八日――「赤十字病院でチエツク兵死す　十九日に葬儀を行う　日本赤十字病院に入院中なりしチエツクの負傷兵カルル・クニトルは、十七日午前五時遂に死亡したり。葬儀は十九日午後二時麻布霞町カトリック教会にて執行せらる、由」

つぎに『読売新聞』十月二十日――「チェツク兵の葬儀＝在京中のギルザ博士等も会葬＝チエツク軍の負傷兵カルル、クニトルは、豫《かね》て相州茅ヶ崎の露国婦人会病院で療養中、容態漸次険悪となり、去る十二日以来日本赤十字病院に移され、厚き看護を受け居たが、十七日午前五時、遂に同病院に於て永き眠に就いた、葬儀は十九日午前二《ママ》時在京中の同胞を始め、十八日入京のチエツク軍国民委員会代表者ギルザ博士やブローズ参謀夫妻等会葬の下に、麻布霞町のカトリツク教会で厳かに行なわれ、遺骸は青山墓地に葬られた」

図2　麻布霞町のカトリック教会での葬儀のスナップ写真

図3　青山墓地での埋葬の場面を捉えた貴重な写真

最後に『報知新聞』の二編の記事。

十月十八日――「チエツクの勇士死去す　赤十字入院中　赤十字病院に入院療養中なりしチエツク軍人カルル《ママ》・クニトル氏は、十七日午前五時死亡せり。初め露軍に俘虜となり、チエツク軍組織後、獨軍と戦いて負傷し、八名の負傷兵と共に曩《さき》に日本に来られ、茅ヶ崎露国婦人病院に入り、後赤十字病院に転じたるものなり。十九日午後二時赤十字出棺、麻布霞町カトリツク教会にて葬儀執行の筈」

十月二十日――「チエック兵の葬祭　異国の土と化した憫れ負傷下士　過般来朝後赤十字病院に収容されたチエツク軍負傷下士カレル・クニツトル（二十八）は、十七日午前八時、吉本博士に看護られつつ異国の土と化したので、十九日午後二時麻布霞町天主教会に於て、之が葬儀を行つた。チ族の旗で包まれた柩は、各国大使館武官より贈られた花環で飾られ、佛国大使館武官ラツボ・マレード大佐、アイワズ・オガル中佐、伊藤海軍大佐、青山学院ドドレルフイー氏等十数名会葬の上、ツルペン師の司會にて同僚が唄う悲しい讃美歌の裡に、チエツク軍代表ステフアーニツク少将は悲痛なる告別の辞を述べ、午後三時式を終えて、秋風の中を青山墓地に埋葬した」

この記事には「チエツク兵の盛葬」と題する二枚の写真が添えられている。

『チェコスロヴァキア日刊新聞』も比較的早く、葬儀が行なわれた一週間後の号の記事「日本での兄弟クニトルの死去」[☆8]（一九一八年十月二十六日、二一二三号、エカチェリンブルク）で、葬儀の様子を報道している。この時期、同紙編集部はウラル地方のエカチェリンブルクに置かれていたが、この記事には『日刊新聞』特別電信情報というデータが添えられているので、おそらく無線電信によって伝えられたと思われる。

十月十七日に東京の赤十字病院〔聖路加国際病院〕で、ムラダー・ボレスラフ近郊のルシチェニツェ出身の兄弟カレル・クニトルが死亡した。死因は結核とウクライナでの負傷である。はじめはチカナイ〔茅ヶ崎〕のロシア婦人病院で治療されて、とくにトドロヴィチ教授夫人が彼の面倒を見たが、後に日本の赤十字病院に運ばれて、某大学教授が治療した。

十月十九日に行なわれた葬儀は、チェコスロヴァキア軍兵士に対する真の敬意表明だった。棺の上の花輪のなかで目立ったのは、「戦友へ、シチェファーニク将軍」という献辞のついた同将軍から捧げられた花輪だった。日本の大手新聞のひとつは、兄弟クニトルの死亡と、チェコスロヴァキア軍兵士の運命を典型的に描く、彼の経歴に関する情報を掲載したが、その情報は、故人の最後の願いは、祖国解放のための戦いに復帰することだったという、トドロヴィチ夫人の話で終わっている。

後年にクニトルの故郷ムラダー・ボレスラフ地方で出版されたヤロスラフ・ブコヴィチカ編の論考「カレル・クニトル」(論集『ボレスラヴァン、ムラダー・ボレスラフ・ベナートキ地方郷土史

図4　同論集に掲載されたカレル・クニトルの肖像写真

論集』、第六年度、一九三二年、九—一〇号、二九八—三〇四頁に収録[☆9]）には、クニトルの肖像写真（図4）と、日本語の葬儀通知（図5）が掲載されている。

この日本語の「葬儀通知」は、当時の慣例に則った「格調高い」文体で書かれているが、カレル・クニトルを「シャルルニテル」と表記していることから、フランス語の原文（図6を参照）に基づいて作成されたものと推測できる（二五二頁のニェメツの回想エッセイには、「英語と日本語で葬儀通知が印刷され」とあるが、これはおそらくニェメツの勘違いだろう）。それにしても、クニトルが死亡したのが十月十七日午前五時、翌十八日の日付で、フランス語版と日本語訳の通知の文面が作成されて、印刷され、関係する各方面に配布されたのだろうか[☆10]。諸資料にあるように、翌十九日午後二時からの葬儀には、関係者、在京外交官、駐在武官らが多数参列している。

【図6】はフランス語版のカレル・クニトルの葬儀通知である。軍事中央文書館（二〇〇九年当時、プラハ、カルリーン地区インヴァリドヴナ（廃兵院））の「フェルディナント・ピーセツキー遺品」[☆11]に、日本語版とともに収録されていた。

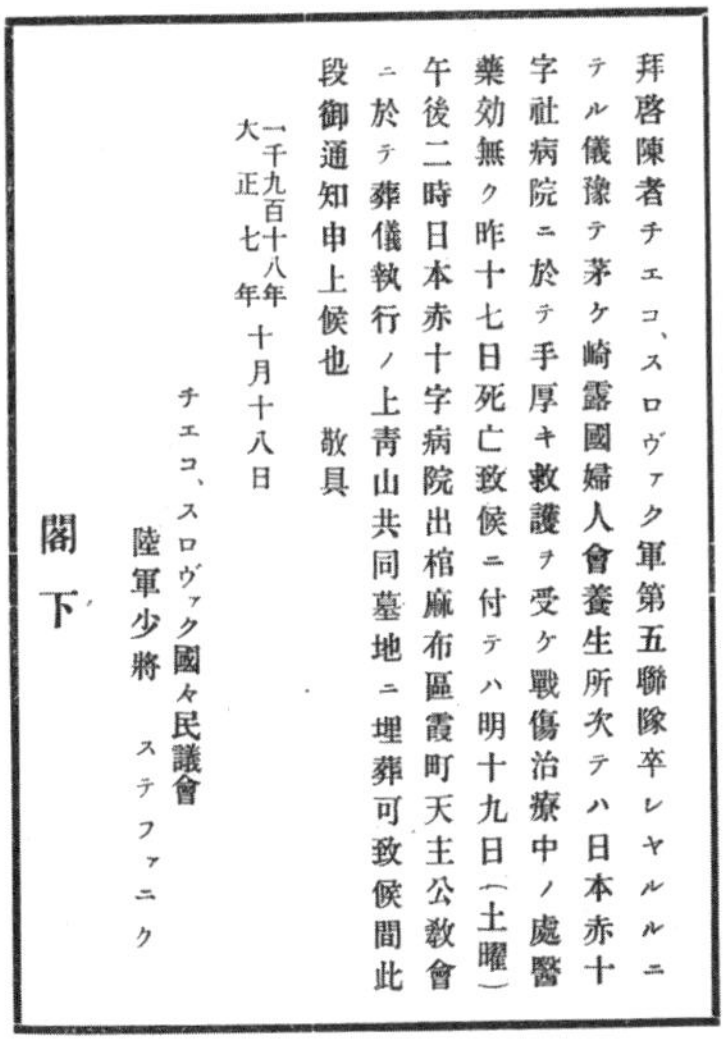

拝啓陳者チエコ、スロヴァク軍第五聯隊卒レヤルルニテル儀豫テ茅ケ崎露國婦人會養生所次テハ日本赤十字社病院ニ於テ手厚キ救護ヲ受ケ戰傷治療中ノ處醫藥効無ク昨十七日死亡致候ニ付テハ明十九日（土曜）午後二時日本赤十字病院出棺麻布區霞町天主公教會ニ於テ葬儀執行ノ上青山共同墓地ニ埋葬可致候間此段御通知申上候也　敬具

一千九百十八年
大正七年　十月十八日

チエコ、スロヴァク國々民議會
陸軍少將　ステファニク

閣下

図5　日本語での兄弟のクニトルの葬儀通知

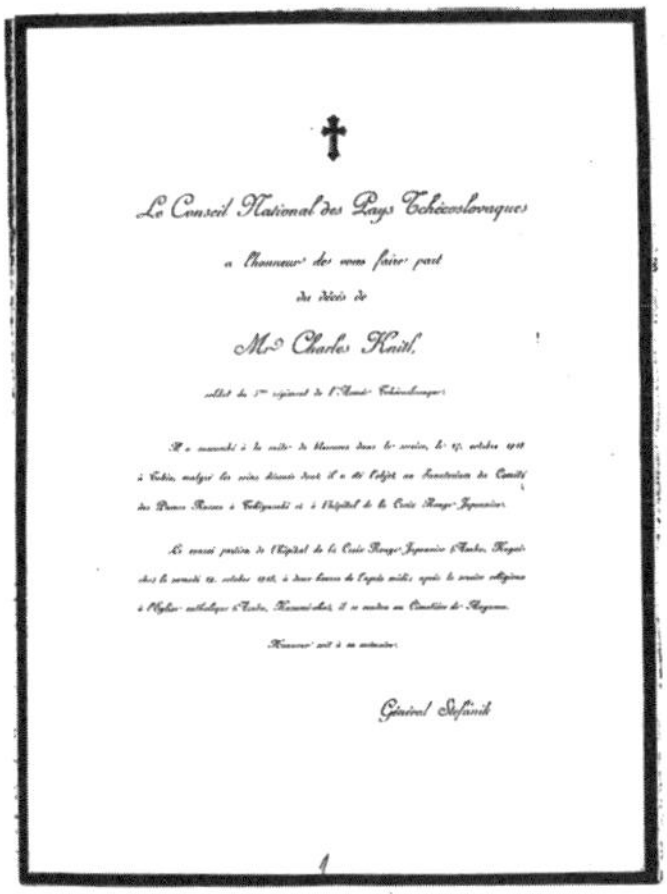

Le Conseil National des Pays Tchécoslovaques

a l'honneur de vous faire part

du décès de

Mr Charles Knitl,

Général Stefánik

図6　フランス語版のカレル・クニトル
　　の葬儀通知

Ⅲ　マイクスネル、ヴラシチ、ヤヴォルスキー、カサの場合

翌一九一九年に青山墓地のこの墓に、ルドルフ・マイクスネル（一月三十日死去）、アダム・ヴラシチ（四月二日死去）、エマヌエル・ヤヴォルスキー（四月五日死去）の三人が相次いで合葬された。三人ともアメリカ赤十字病院（聖路加国際病院）で入院治療中に死亡している。

マイクスネルについては、チェコ共和国国防省のホームページ「戦争墓地の登録リスト」[☆12]と、チェコスロヴァキア軍団協会が作成したデータベース「軍団兵のリスト」[☆13]に掲載されたデータによって、一八八九年十月二十五日にチェコ東部のランシクロウン地区のドルニー・ドブロウチで生まれ、一九一五年九月にロシア戦線で捕虜になり、一九一七年十月に軍団に入隊したこと、所属部隊は第六歩兵連隊で、一九一九年一月三十日に東京で亡くなったことが分かっている。

『日刊新聞』には「兄弟のマイクスネル哀悼」（一九一九年二月十八日、三〇八号、エカチェリンブルク）[☆14]という記事が掲載されているが、この記事は、日本で刊行されていた英語新聞『ジャパン・アドヴァタイザー』の報道を引用するかたちで、「兄弟のルドルフ・マイクスネルは……傷痍軍人として汽船「ローマ」で祖国に向けて出港したが、道中で発病して、東京で死亡した。東京の〔青山〕墓地の兄弟のカレル・クニトルの傍らに葬られた」と手短に報じている。

ちなみにイタリア船籍の汽船「ローマ」は、第五章で触れたように、帰国輸送団第一便として、一三九人（一三八人説もあり）の軍団兵を乗せて、同年一月十五日にウラジヴォストークを出港し、スエズ運河を経由して、三月十日（十一日説もあり）にナポリに到着している。この船には、軍団に参加していたスロヴァキア人作家ヤンコ・イェセンスキーを含む祖国への使節団の一行が乗り合わせていた。彼の著作『自由への旅路で、一九一四―一九一八年の日記からの抜粋』[☆15]によると、汽船「ローマ」は一九一九年一月十七日に横浜に入港したとあるので、おそらくマイクスネルはこのとき下船して、東京の赤十字病院に運ばれた後、死亡したものと思われる。

ヤヴォルスキーについては、さしあたり前掲の二つのインターネット上のデータから、一八九四年十二月十八日にチェコ中部のブランディース・ナド・ラベムで生まれ、一九一六年七月にロシア戦線で捕虜になり、一九一七年十一月に軍団に入隊して、所属部隊は第六歩兵連隊だったこと、負傷のために一九一九年四月五日に東京で死亡したことしか分かっていない。

いっぽうヴラシチについては、前掲のデータ以外に、筆者の手元にいくつかの資料がある。まず刊行資料として、西部スロヴァキアの町スカリツァで二〇一五年に出版された『第一次世界大戦とザーホリエ地方』[16]。この本は第一次世界大戦中に死亡したザーホリエ地方（西部スロヴァキア）出身の兵士のデータをまとめたもので、ハンガリーの国土防衛軍（ホンヴェード）に招集されて戦死した者も、ロシア戦線で捕虜になり、後に軍団に参加して亡くなった者も、ひとしく収録している。

そのなかの「ブラチスラヴァ、ジェヴィーンスカ・ノヴァー・ヴェス」の項目に、次のような記述が見出される。――「アダム・ヴラシチ Adam Vlašič（一八九一年十二月二十二日[17]、ジェヴィーンスカ・ノヴァー・ヴェス）――農民ペテル・ヴラシチとフランチシカ・クライチーロヴァーの息子として、十六番地の家に生まれる。第十三国土防衛軍（ホンヴェード）歩兵連隊の軍曹（チャタール）。ローマ・カトリック信仰。一九一五年六月二日に（ロシア戦線の）ノヴォセレツで捕虜になる。ヴォローネシ県のホロビエフカで軍団に志願。一九一七年一月八日に兵士の基本階級で、第七歩兵連隊に加わる。一九一九年四月二日に東京のアメリカ赤十字病院で死亡し、その地に葬られた」

ヴラシチについては、さらに数点の文書館資料もある。彼についてのより詳細な伝記データとならんで、東京駐在チェコスロヴァキア外交代表（ヴァーツラフ・ニェメツ）から、ウラジヴォストーク駐在保健監督官コノパセク大佐に宛てた「東京、一九一九年四月四日」付けの公文書がある。[18]それには次のように書かれている。

四月二日朝方にアメリカ赤十字病院で、兄弟のアダム・ヴラシチ（第七連隊第七中隊狙撃兵、二十八才、プレシプルク〔ブラチスラヴァ〕近郊のテーベンスカー〔ジェヴィーンスカ〕・ノヴァー・ヴェス出身）が死去した。我々は昨日〔四月三日？〕、彼を青山墓地の、兄弟のクニトルとドヴォジャーク〔マイクスネルの誤記か？〕が憩っている同じ墓に葬った。我々は彼の死去の情報を、遺品とともにアメリカ在住の彼の姉ヨハンナ・スピナ夫人（スタフォード・スプリングス、コネチカット州、USA, R. F. D. No 3）に送付する。兄弟の挨拶をもって。ニェメツ博士。St・コヴァーシ、書記官[☆19]

ちなみにこの文書の作成者St・コヴァーシは、本書の第三章と第四章で引用したいくつかの記事の筆者と、同一人物である（彼の伝記データについては、本書第四章の注1を参照）。彼は駐日チェコスロヴァキア外交事務所で「書記官」として働いていた。

五番目の人物のカサは、一八七六年一二月七日にチェコ南部のピーセク地区のククレ村で生まれた。彼は開戦直後の一九一四年九月にオポレ（現ポーランド領）でロシア軍の捕虜になっているが、軍団への入隊は一九一八年八月できわめて「遅い」。一九一九年七月十二日に帰国輸送団第六便の「リバプール丸」の船上で亡くなり、同船が寄港した唐津に埋葬された。カサは五人の軍団兵士のなかでは飛び抜けて年長だったが（死亡時に四十二才）、奇妙なことにカトリック府中墓地の墓碑銘では、生年が一八九六年になっている。

『日刊新聞』に掲載された「「リバプール丸」のわが傷痍軍人」(一九一九年八月二十二日、四六三号、イルクーツク)[20]と題する記事のなかに、「ウラジヴォストーク、八月十九日。汽船「リバプール丸」のわが傷痍軍人の輸送団長カソフスキー中佐から届いた上海情報によると、七月十二日に船上で兄弟のカサが亡くなり……」という短い記述が見出される。ちなみにリバプール丸は第五章で触れたように、帰国輸送団第六便を運んだ日本船籍の汽船で、五八七人(別説では五八九人)の軍団兵士を乗せて、一九一九年七月九日にウラジヴォストークを出港し、九月十二日(別説では十一日)にフランスのマルセイユ港に到着した。

Ⅳ　祖国からの使節団の墓参――一九一九年八月

一九一九年夏に、祖国チェコスロヴァキアからインド洋航路で到着した代表団と、アメリカ経由で来日したチェコ語新聞のジャーナリストたちが東京で合流して、八月七〔?〕日に、青山墓地を墓参した。彼らの墓参について『日刊新聞』は、『ジャパン・アドヴァタイザー』紙を引用するかたちで報道している。「上海と東京のマスコミ、祖国からの代表団について」(一九一九年八月三十一日、四七一号、イルクーツク)[21]

八月七日の『ザ・ジャパン・アドヴァタイザー』紙は、〔使節団長〕F・V・クレイチーとの談話を掲載している。その内容は、「マサリク大統領の代表は青山墓地への特別訪問を企画して、倒れたチェコスロヴァキア軍兵士の墓に花輪を置き、こうして、命のあるかぎり戦って、最後にこの連合国の地で、みずからのきわめて重い荷を下ろした男たちに対する、祖国の挨拶を伝えた」

同じ記事のなかでクレイチーは、「代表団が日本に数日間立ち寄ったのは、おもに日本の友好的援助に対するわが国政府の深謝の念を伝えるためで、〔日本は〕一年前〔一九一八年〕にチェコスロヴァキア軍が深刻な状況にあったとき、その他の連合国と同時に、友好的援助を提供してくれた。〔クレイチーは〕「日本国民が将来においても、新たに建設された我々の共和国に対して、同様の共感を保持してくれるように切望し、かつ希望する」と述べた」とある。

ちなみにこの墓参についても、貴重な記念写真が残されている（図7、二六六頁）。一九二九年にプラハで出版された『自由を求めて　ルーシにおけるチェコスロヴァキア革命運動のイラスト入り年代記』（第四巻、七九九頁）[☆22]に収録されたものだ。

写真の下のキャプションには「東京の死亡した兄弟たちの墓のそばの祖国からの代表団」とある。真新しい十字架には中央に、チェコスロヴァキアを示すČSの組み合わせ文字が刻まれ、その周囲に上から時計回りに、カレル・クニトル、アダム・ヴラシチ、エマヌエル・ヤヴ

図７　青山墓地での祖国からの代表団

ォルスキー、ルドルフ・マイクスネルの文字がはっきりと読み取れる。名前の下には彼らの生没年が記されているようだ。この十字架が仮設の木製なのか、石造りのものかは確認できない。

墓の背後には総勢二十五人の人物が写っているが、彼らは前述したように、祖国チェコスロヴァキアから来た代表団（多くが医師）と、アメリカ経由で来日したチェコ語新聞のジャーナリストたちである。前列左端の人物は、駐日外交代表ヴァーツラフ・ニェメツ（?）、その右隣の、メガネをかけているうつむいた人物が、団長のF・V・クレイチー、三人置いた大柄の将校（十字架の右上）がミロシ・ヘスである。ヘスはおそらく一九二〇年三月にハルビンで、竹山安太郎を接待するように命じた人物である（第一章三八―三九頁の記述を参照）。

V　エピローグ

このあと彼らの墓についての情報は、いっきに八十年も飛んでしまう。

一九九九年三月十一日に、青山霊園からカトリック府中墓地に改葬され、おそらくその機会に、唐津に埋葬されていたカサも合葬されたようだ。[☆23] しばらくのあいだ墓地のその区画はなにもないままだったが、その後おそらく本国の国防省と駐日チェコ共和国大使館の共同で、墓碑設置プロジェクトが進められて、二〇一五年十二月四日に、現在の墓碑の除幕式が行なわれた。

最後に、墓碑の氏名の掲載順について、小さな「疑問」を呈しておきたい。墓碑の氏名の掲載順は、前述したように上から、エマヌエル・ヤヴォルスキー、カレル・クニトル、ルドルフ・マイクスネル、アダム・ヴラシチ、フランチシェク・カサの順である。これは、なにに基づいた順番なのだろうか？

没年・埋葬順なら、クニトル、マイクスネル、ヴラシチ、ヤヴォルスキー、カサ、生年順なら、カサ、マイクスネル、ヴラシチ、クニトル、ヤヴォルスキーとなり、苗字のアルファベット順なら、ヤヴォルスキー、カサ、クニトル、マイクスネル、ヴラシチとなるはずだが、そのいずれでもない。

この「疑問」は、二〇二〇年秋の墓参後の、大使との会食の席で話題にした。名前のアルファベット順ではないか（その場合は、アダム・ヴラシチ、エマヌエル・ヤヴォルスキー、フランチシェク・カサ、カレル・クニトル、ルドルフ・マイクスネル）、軍隊の階級順ではないか（五人はいずれも「歩兵」）、さらには美的見地からの配置ではないか、と議論そのものは盛り上がったが、結局結論は出ずじまいに終わった。

カサを除く四人は、入院していた東京の赤十字病院（聖路加国際病院）で亡くなった。カサは帰国輸送団の船上で亡くなり、九州の唐津に葬られた。彼らの他に第五章で触れたように、ヘフロン号の「難破者」中のヨゼフ・ハヴェルカとヨゼフ・ベネシュも日本で亡くなっているが、彼らは火葬されて、遺骨は祖国に持ち帰られたようだ。

□注

☆1 除幕式については、「チェコスロバキア兵士を慰霊」（『毎日新聞』東京多摩版、二〇一五年十二月五日）に記述がある。

☆2 後に触れるが、カサの生年は正しくは一八七六年。死亡した日についても、別説では十二日。

☆3 ヤーン・ユリーチェク『彗星と飛行機と幻の祖国と　ミラン・ラスチスラウ・シチェファーニクの生涯』（成文社、二〇一五年）の「四週間の日本滞在」（二三三―二三八頁）の記述を参照。

☆4 Písecký F.: *M. R. Štefánik u mém deníku*. Bratislava 1934, s. 74-75.

☆5 Němec, Václav : Štefánik v Tokiu r.1918. In: *Štefánik. Kniha druhá: vzpomínky, dokumenty a jiné příspěvky*. Bratislava/Praha 1938, s. 270-271.

☆6 オルドジフ・ゼメク『世界の戦火をくぐり抜けて』、三一三―三一五頁

☆7 写真の出典はゼメクの前掲書、三一四頁。

☆8 Úmrtí br. Knitla v Japonsku (Zvl. tel. zpr. ČSD.), *ČSD*, 26. října, 1918, č. 213, Jekatěrinburg.

☆9 Jaroslav Bukvička (red.): Karel Knytl, Boleslavan. Vlastivědný sborník Mladoboleslavska a Benátecka, roč. VI., 1932, č. 9-10, s. 298-304.

☆10 本章二五〇頁で引用したシチェファーニクの副官F・ピーセツキーの日記中の、「兵士K・クニトルの葬儀の手配」という個所は、このあたりの事情を意味しているのかもしれない。

☆11 Vojenský ústřední archiv, Ferdinand Písecký, pozůstalost

☆12 Evidence válečných hrobů http://www.valecnehroby.army.cz/Evidence/detail-hrobu-ci-mista?id=1010135（二〇二一年三月十日にアクセス）

☆13 Seznam legionářů http://legie100.com/krev-legionare（二〇二一年四月三日にアクセス）

☆14 Za bratrem Maixnerem, *ČSD*, 18. února, 1919, č. 308, Jekatěrinburg.

☆15 Jesenský J.: *Cestou k slobode. Úryvky z denníka 1914-1918.* Druhé vydanie, Turčiansky Svätý Martin 1933, s. 246.

☆16 Peter Brezina a kolektív: *Prvá svetová vojna a Záhorie*, Skalica 2015

☆17 カトリック府中墓地の墓碑銘では、「十二月二十四日」になっている。

☆18 上述の刊行資料とこれらの貴重な文書館資料は、スロヴァキアの作家ミロスラウ・ムシル氏に提供していただいた。記して感謝する。

☆19 Vojenský historický archiv, Kopie materiálů, Legionářský poslužný spis〔軍事歴史文書館、複写文献、軍団勤務文書〕

☆20 Naši invalidi na „Liverpool Maru"“, *ČSD*, 22. srpna, 1919, č. 463, Irkutsk.

☆21 Šanghajský a tokijský tisk o delegaci z vlasti, *ČSD*, 31. srpna, 1919, č. 471, Irkutsk.

☆22 *Za svobodu. Obrázková kronika československého revolučního hnutí na Rusi*, 1914-1920. IV. Praha 1929, s. 799.

☆23 この情報は、村上健太氏（チェコ大使館勤務）に提供していただいた。記して感謝する。

「序章」でも述べたように、本書で取り上げたテーマは、ほとんどがこれまで百年以上も、「歴史の地層」に埋もれていた出来事である。筆者はおもに『チェコスロヴァキア日刊新聞』の記述に基づいて、これらの出来事の基本的輪郭を描き出すように努めた。おそらくどのテーマも「深掘り」すれば、さらに興味深い事実が出てくるにちがいない。その意味では本書の記述は、今後の本格的な調査と研究のための、荒削りなスケッチと考えていただきたい。

ここで手短に、「まとめ」あるいは「結論」を提示しておく必要があるだろう。筆者は「序章」で、一九一八年から一九二〇年までの日本とチェコスロヴァキアの相互関係は、歴史上でいちばん近かったという「仮説」を立てた。本書の全七章にわたる記述によって、この「仮説」はある程度裏付けられたのではないかと思う。この二年間、両国間には、それ以前にも以後にもなかったような「親密な関係」がたしかに存在した。それが日本のシベリア出兵と、同地に駐屯していたチェコスロヴァキア軍団を媒介としていたことは明らかだが、問題はこの「親密な関係」の内実とその帰結が、どのようなものだったかと言うことだろう。

第二章で描かれた一九一八年秋の、軍団と日本軍の「蜜月」の情景、第三章での医療面での交流、第五章のヘフロン号遭難事件は、「交流美談」と総称することができる性格のものだ。これらが成立した背景として指摘できるのは、当時の複雑な国際環境の配置図のなかで、両国の「ナショナル・インタレスト」が合致しているという認識に基づく、双方の側の「思惑」の一致にあるように見える。

軍団側では東京に派遣される傷病兵たちに対して、「我々が外国で、チェコスロヴァキアの名前が求めるような尊厳を持ってふるまうように」(第三章、九七頁)という訓示を与えるいっぽう、彼らの東京への列車の道中の「ある鉄道駅では、その地の市の代表団がやって来て、共感の印に兄弟のニェメツ中尉に名刺を手渡した。他の駅では、年輩の男性が我々にお辞儀をして、彼の音頭でまわりに集まった若者たちが、「バンザイ、チェク」と叫んだ」(第三章、一〇三頁)。ヘフロン号のある兵士は、「門司の港には、数百人の住民と何千人の学童が、教師に連れられてやって来た。子供たちは別れの挨拶に帽子と学帽をふって、「ナズダル」と叫び、我々のほうは日本語で「バンザイ」を唱えた」(第五章、一六九―一七〇頁)と書き、他方で門司の市長は、「諸君が遭難したことはひじょうにうれしい。なぜなら私の兄弟たちと〔シベリアで〕一緒に戦って、それについてかくも多くの美しい事柄を〔新聞で〕読んだ者たち〔チェコスロヴァキア軍をさす〕を、見ることができるからだ。事情が許すかぎり、諸君〔軍団兵士〕に随所で救いの手を差し伸べる」(第五章、一六三―一六四頁)と挨拶した。こうした微笑ましい「交流美談」は、日本とチェコスロヴァキアが「同じ陣営」に立つ同盟国である、という基本認識によって支えられている。この「親密な関係」は、ヘフロン号が神戸を出港した一九一九年十月末頃まで続いていたように見える。

だが第二章末尾の「一年半後に」の節でまとめたように、軍団側からの日本の「軍国主義」への称賛は、次第に日本の大陸進出政策に対する「冷静な」眼差しに取って代わられる。遅くとも一九二〇年春の段階で『日刊新聞』の紙上では、日本のシベリア出兵のおもな目的が結局のところ、「ロシア領極東諸州での日本の利害関係の擁護である」という認識が確認されている。ただし軍団側がこの日本の拡張政策を、一方的に「侵略的意図と帝国主義」と断罪しているわけではないことにも、注意を促しておきたい。

軍団のこの冷静なスタンスが、第六章と第七章で記述したハイラル事件の心理的背景にあったと言えるかもしれない。ハイラル事件の遠因は一九一九年十二月以降の、オムスクのコルチャーク体制の急激な崩壊と、ボリシェヴィキ勢力のイルクーツク進出によって、シベリアとロシア領極東の軍事・政治情勢がいっきに「緊迫化」し、東方に撤収するチェコスロヴァキア軍団が、イルクーツク以東の日本軍の「影響圏」に踏み入ったことに求められる。ハイラル事件のなかで、軍団が一九二〇年四月十一日の戦闘に参加したか否かという論争点は、今日にいたるまでしかるべく解明されていない。この事件のおおまかな輪郭さえ、じゅうぶんに明らかになっているとは言えない（僭越な言い方になるが、本書はその最初の試みのひとつである）。ハイラル事件が、それまでの日本とチェコスロヴァキア間の「親密な関係」に冷水を浴びせたことはまちがいないが、この出来事が両大戦間期の日本＝チェコスロヴァキア二国間関係に、どのような「陰」を投げかけたかについては、まったく調べられていない。当時のチェコ国内のマスコミにおけるハイラル事件の報道を追跡することも、今後の課題のひとつになるだろう。

第一章と第四章では、一九一八年四月に日本に滞在したT・G・マサリクが、当時の参謀次長田中義一と会ったかどうか、という「歴史の謎」に行き当たることになった。これまでの日本とチェコスロヴァキア側の資料から確認できることは、マサリクは「日本人ニハ知己一人」もなく（第一章、五一頁）、記録に残っている交流は、四月十四日の『東京朝日新聞』の記者のインタヴュー、十五日と十六日（?）の東京警視庁外事課の竹山安太郎らの訪問、そして彼らの斡旋でマサリクが十九日に外務省を訪れて、「外務次官代理」（幣原喜重郎?）に陳情したことだけである。しかし『田中義一傳記』の記述に従えば、マサリクは参謀次長田中義一と、三度にわたって密かに接触したのだという。これが事実ならマサリクの日本滞在の意味について、根本的に再検討しなければならないだろう。本書中でも指摘したように、山ノ井愛太郎の証言には、いくつもの疑問点があり、そのまま受け入れることはできないが、彼が実際にマサリクに会っていた可能性も、完全には否定しきれない。この謎については、さらなる調査と研究の進展を待つ他はない。

本書では明らかにできなかったこれらの「先送り課題」が、新たな調査と研究によって解明されるなかで、日本のシベリア出兵に対する「ネガティヴな」評価と、軍団のアナバシスについての「ポジティヴな」語りのあいだの落差も、少しずつ埋められていくと、筆者は考えている。

＊　＊　＊

筆者が日本とチェコスロヴァキアの相互関係の問題に関心を持つようになったきっかけは、一九八〇年代後半から、スロヴァキア人の独立運動家M・R・シチェファーニクの日本滞在について調べはじめたことである。彼の訪日は一九一八年秋の、一ヶ月余りのことだったが、この前後の時期に日本とチェコスロヴァキアのあいだで、「親密な関係」が結ばれていたことが判ってきた。

体制転換直後の一九九〇年夏に、プラハの古本屋市場に、それまで「禁書」扱いだったチェコスロヴァキア軍団関係の書籍が、大量に放出されたときは、手当たり次第に買いあさった。プラハ市内のジシコフの丘にあった軍事歴史研究所図書室（現在は移転している）で、オルドジフ・ゼメクの日本関係の書籍を何冊もコピーした。二〇〇九年十一月には日本チェコ協会／日本スロバキア協会の講演会で、手元に集まった資料に基づいて、「チェコスロヴァキア軍団兵士たちの日本体験（一九一八―一九二〇年）」と題する発表を行なった。

とはいえこのテーマはチェコとスロヴァキア側では、「アナバシス」と俗称される軍団のシベリア滞在と関係し、日本側では「シベリア出兵」と直接に結びついている。いずれも大量の資料があり、先行研究が積み重ねられていて、どこから手をつけていいのか見当がつかない、いわば「切り口」が見つからない状態が長いあいだ続いた。

その「切り口」を提供してくれたのが、『チェコスロヴァキア日刊新聞』だった。この新聞のことを筆者に教えてくださったのは、大著『シベリア出兵　革命と干渉』の著者原暉之氏（北海道大学名誉教授）である。一九九〇年代中頃に、当時お勤めだった北海道大学スラブ研究センター（現在はスラブ・ユーラシア研究センター）に、今度マイクロフィルムでこういう資料が入ったのだけれど、と筆者の勤務先に同紙のコピーをまとめて送ってくださった。とはいえそのときは、「猫に小判」という俗な譬えの例に洩れず、「イルクーツクでこんなチェコ語の新聞が出版されていたのですか。珍しいものですね」という浅薄な反応しか返すことができず（お送りいただいたのは一九一九年五月末から十二月までの号で、イルクーツクで出ていた）、せっかくのコピーは、長らく筆者の研究室の棚に眠っていたのだった。

とはいえこれがきっかけとなって、この「不思議な」新聞のことが頭の片隅に残り、その後しばしばスラブ研究センターを訪問する機会に恵まれたとき、折を見ては一階の図書室を訪れて、改めてマイクロフィルムを閲覧した（その折に、同研究センター図書室の兎内勇津流氏に、便宜を図っていただいた。この場を借りて、改めて感謝する）。二〇一三年のことだったと記憶しているが、たまたまその図書室で、ロシア東欧関係の書籍を扱うナウカ・ジャパン合同会社の勝部工一氏にお目にかかった折、思い立って、この新聞の全体が手に入らないだろうか、と相

談してみた。後日同社の山下慶介氏は、同紙がチェコ共和国ブルノのモラヴィア領邦図書館に保管されていることを突き止め、全号をマイクロフィルム化して入手してくださった。（ちなみに今日では、同紙の全号がネット上で簡単に閲覧できる。チェコ共和国国防省デジタル読書室 Digitální studovna Ministerstva obrany ČR を参照。Československý denník | Digitální studovna Ministerstva obrany ČR | Kramerius - Digital Library (digitalniknihovna.cz)）

こうして本腰を入れて『日刊新聞』に取り組む体制が整った。改めて全部をコピーして（A４用紙で二七〇〇枚ほどになった）、ざっと目を通しただけでも、日本に関係するかなりの量の記事と論説が掲載されていることがわかり、目立ったものを翻訳する作業に取りかかった。それでも最初のうちは、この翻訳作業の意味についてじゅうぶんな確信が持てずに、札幌を訪問して原暉之氏にお目にかかる機会を得たあるとき、「これを翻訳することに意味があるのでしょうか」と相談してみた。原氏は言下に、「それはありますよ。だってこちらはなにが書いてあるのか、わからないんですからね」と、本当に悔しそうな口調でおっしゃった様子が、いまでも鮮明に記憶に残っている。これはチェコ語を読解できる者の義務だ、と観念して、それからはひたすら記事の翻訳作業を続けた。

翻訳が蓄積するにつれて、日本とチェコスロヴァキア軍団を結びつけるいくつかのエピソードが浮かび上がってきて、「切り口」を手にした感触があった。それらをジグソーパズルのように根気よくつなぎ合わせていけば、いずれは全体像を描き出すことができるにちがいない。

もうひとつの「切り口」を提供してくれたのが、プラハの文書館での資料調査である。とくに本書では、チェコ共和国国防省管轄下の軍事歴史文書館で収集した文書を活用することができた。ちなみに同文書館は、以前はプラハ市内のカルリーン地区のインヴァリドヴナ（廃兵院）の、要塞のような堅固な建物のなかにあったが、二〇一五年にプラハの西の郊外のルジニエ（近くにヴァーツラフ・ハヴェル・プラハ国際空港がある）の、軍の広大な用地の一画に移転した。筆者は移転後の同文書館に、二〇一五年九月、二〇一八年三月、二〇一九年九月に訪問して、資料収集に携わった。この文書館は、いかめしい名称にもかかわらず、とても開放的でフレンドリーな、「使い勝手の良いアーカイヴ」である。

二〇一五年の初回の訪問の折にカウンターで、チェコスロヴァキア軍団と日本の関係についての資料を探している、と申告した。そうした名称のファイルがあるだろうと予想していたのだが、まとまった文書はない、目録（インヴェンタール）で関係のありそうなボックスを調べて、個別に当たっていく他はない、という返事が返ってきた。チェコスロヴァキア軍団関係の目録だけでも四、五〇冊以上あり、見当をつけていくつかのボックスを請求してみたが、関係のありそうな文献に行き当たらない。無駄足だったかと諦めかけていたとき、カウンターの文書館員氏が、本書の第六章と第七章で利用したファイル「ハイラルと「オルリーク」」を持ってきて、「きみの探しているのは、これかね」と、ニヤリと笑って渡してくれた……。彼の好意がなければ、筆者はこの資料に行き当たらなかったかもしれない（不覚なことに、この文書館員氏の名前は聞き漏らしてしまった）。

同文書館の写真アーカイヴ部門長ヴィエラ・ジシコヴァー氏は、筆者の問題関心を聞くと、手早く日本と関係のある写真（全部で一二五枚）を準備して、デジタル撮影したものをＤＶＤに焼き付けて提供してくださった。このとき受け取った写真の何枚かは、本書のなかで使うことができた。

軍事歴史文書館館長（当時）ユーリウス・バラーシ氏とも話をする機会があった。文書館も人手不足で、最近やっとチェコスロヴァキア軍団を専門にする文書館員が一人雇えた、という「内輪話」や、軍団と日本の関係文書について本格的に調べたいのなら、奨学金をつけて大学院生を派遣しなさい、というアドヴァイスをしてくださった。ちなみにバラーシ氏はスロヴァキア出身だったので、スロヴァキア語での会話が弾んだ。少し時間がかかってしまったが、この方々に本書をお送りできることは、筆者としてもとてもうれしい。

筆者は二〇一九年三月末まで、早稲田大学政治経済学術院に勤務して、もっぱらロシア語教育を担当していたが、学部生向けの講義や、全学共通のグローバルエデュケーションセンター科目として、本書で取り上げたテーマについての講義も行なった。退職後も同大学エクステンションセンターで講義を行う機会に恵まれた（その折にお世話になった同センター勤務の千葉淳一氏に、この場を借りてお礼を申し上げる)。講義を聞いてくださった学生と聴講生のみなさんからの反応や質問は、本書をまとめる際の刺激と励ましになった。

本書を仕上げることに、さまざまなかたちで助力してくださった方々のお名前は、それぞれの該当個所で触れたが、ここでもう一度、列挙して、感謝の気持ちを表明したい(アイウエオ順、敬称略)。——麻田雅文(第六章)、大平陽一(第四章)、木村英明(全体)、澤田和彦(第二章)、ヘレナ・チャプコヴァー(第五章)、林幸子(第四章)、林忠行(第一章)、原暉之(第七章)、ルカーシ・ブルナ(第四章)、ペトル・ホリー(第一章、第四章)、村上健太(終章)、ミロスラウ・ムシル(終章)、藪純夫(第三章)、渡部尚子(第三章)

それにもかかわらず残っているかもしれない誤り(誤字、誤植、事実関係の誤認、不適切な表現、誤訳のたぐい)に対する責めは、言うまでもないが、筆者一人が負わなければならない。お気づきの点をご指摘いただければ、機会を見て訂正したい。

教育評論社の小山香里氏に、本書の出版についてお声がけいただいたのは、二〇二〇年三月、折しもコロナ禍がはじまりかけて、社会全体に異様な緊張感が漂いはじめた頃だった。そんななか、筆者が住む都下町田市までお出でいただき、小田急線鶴川駅前のコーヒーショップでお目にかかった。全体の構想をお伝えし、一年後の二〇二一年三月までには原稿を提出します、とお約束した。
良い機会を与えていただいた。このお話がなければ、本書がこういうかたちで日の目を見ることはなかったかもしれない。章別に執筆作業を進めて、比較的早くまとまった章もあれば、書きあぐねた章もあり、重要な文書が見つかって、内容を書き変えることになった章もあったが、『チェコスロヴァキア日刊新聞』に掲載された関連記事を軸にして、その他の資料と比較対照して、出来事を再構成していく作業は、知的な刺激に満ちたものだった。その間、小山氏からは折に触れて、絶妙なタイミングでメールをいただいた。本来の約束から、一年近く遅れてしまったが、それでもとにかく脱稿にこぎつけることができたのは、小山氏の「督戦」のお陰である。記して感謝の気持ちをお伝えしたい。

二〇二二年初夏

山中湖村の茅屋にて

長與　進

事項索引

あ

か

さ

た

な

人名索引

な

は

【著者】
長與 進（ながよ・すすむ）
1948年生まれ。早稲田大学名誉教授。同志社大学文学部卒、早稲田大学大学院文学研究科博士課程満期退学、チェコスロヴァキア（当時）・ブラチスラヴァのコメンスキー大学哲学部に留学、1991年から2019年まで早稲田大学政治経済学部に勤務、同学術院教授。専攻はスロヴァキアの歴史と文化。
著書に、『スロヴァキア語会話練習帳』『スロヴァキア語文法』（大学書林）、訳書に、ヤン・ハヴラサ『アイヌの秋 - 日本の先住民族を訪ねて』（未來社）、ヤーン・ユリーチェク『彗星と飛行機と幻の祖国と―ミラン・ラスチスラウ・シチェファーニクの生涯』（成文社）、共編著に、『世界のことばと文化シリーズ―ロシア・中欧・バルカン世界のことばと文化』（成文堂）など。

チェコスロヴァキア軍団と日本 1918-1920

2023年3月31日 初版第1刷発行

編著者 長與進
発行者 阿部黄瀬
発行所 株式会社 教育評論社
〒103-0027
東京都中央区日本橋3-9-1 日本橋三丁目スクエア
Tel. 03-3241-3485
Fax. 03-3241-3486
https://www.kyohyo.co.jp
印刷製本 株式会社シナノパブリッシングプレス

定価はカバーに表示してあります。
落丁本・乱丁本はお取り替え致します。

ISBN 978-4-86624-077-0